SORRIA, VOCÊ ESTÁ SENDO CONTROLADO

Dados Internacionais de Catalogação na Publicação (CIP)
(Câmara Brasileira do Livro, SP, Brasil)

Mansano, Sonia Regina Vargas
    Sorria, você está sendo controlado : resistência e poder na sociedade de controle / Sonia Regina Vargas Mansano. – São Paulo : Summus, 2009.

    ISBN 978-85-323-0522-0

    1. Comportamento (Psicologia) 2. Controle (Psicologia) 3. Controle social 4. Mudança (Psicologia) 5. Psicologia social 6. Sociedade - Mecanismo de controle 7. Subjetividade I. Título.

09-00399   CDD-153.85

Índice para catálogo sistemático:
    1. Sociedade de controle : Comportamento : Mudanças: Psicologia clínica   153.85

Compre em lugar de fotocopiar.
Cada real que você dá por um livro recompensa seus autores
e os convida a produzir mais sobre o tema;
incentiva seus editores a encomendar, traduzir e publicar
outras obras sobre o assunto;
e paga aos livreiros por estocar e levar até você livros
para a sua informação e o seu entretenimento.
Cada real que você dá pela fotocópia não autorizada de um livro
financia o crime
e ajuda a matar a produção intelectual de seu país.

SONIA REGINA VARGAS MANSANO

SORRIA, VOCÊ ESTÁ SENDO CONTROLADO

RESISTÊNCIA E PODER NA SOCIEDADE DE CONTROLE

summus
editorial

SORRIA, VOCÊ ESTÁ SENDO CONTROLADO
resistência e poder na sociedade de controle
Copyright © 2009 by Sonia Regina Vargas Mansano
Direitos desta edição reservados por Summus Editorial

Editora executiva: **Soraia Bini Cury**
Assistentes editoriais: **Andressa Bezerra e Bibiana Leme**
Capa: **Bárbara Rocha / Finno Design**
Projeto gráfico e diagramação: **Crayon Editorial**
Impressão: **Sumago Gráfica Editorial**

Summus Editorial
Departamento editorial:
Rua Itapicuru, 613 – 7º andar
05006-000 – São Paulo – SP
Fone: (11) 3872-3322
Fax: (11) 3872-7476
http://www.summus.com.br
e-mail: summus@summus.com.br

Atendimento ao consumidor:
Summus Editorial
Fone: (11) 3865-9890

Vendas por atacado:
Fone: (11) 3873-8638
Fax: (11) 3873-7085
e-mail: vendas@summus.com.br
Impresso no Brasil

Dedico este livro a Paulo Roberto de Carvalho,
um companheiro que acompanha.

Agradecimentos

Muitos foram os encontros que possibilitaram a elaboração deste livro.

Agradeço, em primeiro lugar, aos professores Alfredo Naffah Neto, Bader Sawaia, Luiz Orlandi, Peter Pál Pelbart, Salma Tannus Muchail e Suely Rolnik, que foram fundamentais na experimentação das alegrias, angústias e turbulências que emergiram no decorrer desta pesquisa.

Sou grata aos colegas do núcleo Método Psicanalítico e Formações da Cultura e do núcleo Subjetividade, da pós-graduação em Psicologia Clínica da PUC-SP, pelas preciosas interlocuções.

Por fim, expresso minha especial gratidão a Ester, pela confiança.

Sumário

Prefácio 11

Introdução 15

PARTE I ▪ TEMATIZANDO A SOCIEDADE DE CONTROLE 27

1 Da sociedade disciplinar à sociedade de controle 29
2 Vigilância disseminada 50
3 Controle-estimulação 72
4 Controle de riscos 94

PARTE II ▪ RESISTÊNCIA E PODER 117

5 Cruzando as linhas 119
6 O sequestro e o controle 130

Considerações finais 172
Referências bibliográficas 185

Prefácio

Quem somos nós nesta múltipla conjunção/disjunção de campos de força – que chamamos de mundo – que nos atravessa e nos constitui? Como isso se processa na contemporaneidade, naquilo que Gilles Deleuze chamou de *sociedade de controle*? Essa é uma pergunta que cada um de nós faz, cotidianamente (ainda que sem essa roupagem teórica), ao tomar contato, pelo jornal ou pela televisão, com as várias propagandas – que nos levam a consumir coisas que não queremos e de que não necessitamos – ou ao presenciar um sequestro (mais um?), ficando estupefatos com nossa capacidade de conviver com toda essa violência desmedida e de nos habituarmos a ela (será?). Também nos fazemos essa pergunta quando ficamos satisfeitos com a crescente tecnologia que responde pela segurança de nossa vida, seja nos aparatos que rodeiam nossa casa (câmeras, controles eletrônicos etc.), seja nos hospitais, quando adoecemos (indo dos raios X à ressonância magnética). Ou quando nos surpreendemos com um aviso no elevador: "Você está sendo filmado". Ou seja, vigiamos e somos vigiados, controlamos e somos controlados o tempo todo neste mundo louco que nos rodeia. Ainda assim, cabe a pergunta: "Quem somos nós em meio a isso tudo?"

Foi para responder a essa pergunta que Sonia Regina Vargas Mansano lançou-se de corpo e alma à sua tese de doutorado – que tive o prazer de orientar –, denominada *Sociedade de controle e linhas de subjetivação* e defendida em 2007, fazendo parte do

Programa de Estudos Pós-graduados em Psicologia Clínica da PUC-SP, a qual deu origem a este livro.

Sonia é daquelas pessoas raras que, quando resolvem realizar uma tarefa importante, são capazes de remexer mundos e fundos para conseguir seu intento. Inteligente, sagaz, sensível e extremamente disciplinada, vai atrás do que busca com enorme tenacidade e paciência, algo que poucos pesquisadores fazem hoje em dia, por imperar o lema da "rapidez e eficiência", que tem como corolário – como não poderia deixar de ser – a esquematização e a generalidade abstrata. Noutra vertente, Sonia quer realizar sua descrição em cores, com luzes e sombras, ou seja, de uma forma muito próxima da nossa experiência subjetiva, sempre singular. Para isso, busca várias frentes documentais, que vão da pesquisa das fontes da mídia – jornal, televisão etc. – a uma série de entrevistas realizadas com uma mulher que foi sequestrada e permaneceu vários dias em cativeiro até conseguir pedir ajuda e ser resgatada pela polícia.

Por meio do seu relato, rico e minucioso, vamos então percebendo os diferentes dispositivos de controle que se disseminam e se multiplicam pelo corpo social, solicitando-nos a que nos tornemos seus cúmplices e agentes (como vemos nas placas, nos avisos dos ônibus: "Denuncie a violência pelo telefone..."), e as formas como somos cooptados nas suas malhas ou resistimos aos seus apelos. Acontecimentos que nos enrolam na sua superfície, produzindo, por meio dessa dobra, a nossa subjetividade: interiorização, deslocamento e disseminação dos mesmos controles que imperam no exterior ou – na outra vertente – um processo de resistência a eles, que se desdobra na criação de novas formas subjetivas. Talvez, nesse sentido, como uma ilustração do primeiro tipo, o relato e a análise do sequestro sejam exemplares ao mostrar todo o aparato de fiscalização dos sequestradores (para não serem descobertos e presos), sendo internalizado para vir a constituir, no final do episódio, a mente obsessivamente vigilante do sequestrado (com intuito de não voltar a sofrer outro episódio congênere).

Curiosamente – ou talvez *consistentemente*, já que segue as trilhas do seu mestre Deleuze –, o trabalho de Sonia não lança mão, em momento algum, da psicanálise como ferramenta teórica. Operando com mente psicanalítica, mas se valendo sempre dos conceitos da *esquizoanálise* – como uma espécie de variação depurada da primeira –, seu trajeto nem por isso perde em densidade e rigor. Talvez essa seja até mesmo sua maior originalidade.

Queria, pois, dar boas-vindas a este novo livro que prossegue, diversifica e desdobra o rico trabalho que Sonia vem desenvolvendo acerca dos meandros da alma humana nas sociedades e culturas contemporâneas.

ALFREDO NAFFAH NETO
Psicanalista, mestre em Filosofia (USP), doutor em Psicologia Clínica (PUC-SP) e professor titular do Programa de Estudos Pós-graduados em Psicologia Clínica da PUC-SP.

Introdução

Um olhar sobre a produção artística de determinado período histórico pode funcionar como indicador dos problemas que estão colocados para a vida humana naquele momento. Esse é o caso de duas obras da literatura, publicadas na primeira metade do século XX, que, em seu tempo, vislumbraram como poderia ser o cotidiano de uma sociedade organizada com base em um controle extremo exercido sobre seus membros. No romance *1984*, de George Orwell, ou mesmo na obra *Admirável mundo novo*, de Aldous Huxley, podemos acompanhar a descrição de sociedades nas quais a vida cotidiana era amplamente monitorada. Nelas, ganhavam destaque não apenas as estratégias concretas de vigilância e domínio dos corpos, mas também do psiquismo dos que ali viviam.

Em *1984*, diversas formas de vigilância eram realizadas para monitorar a vida da população. Toda a história se desenrola em torno da figura de um controlador principal, o chamado "Grande Irmão", que tinha acesso a acontecimentos e informações produzidos nas mais diversas esferas da vida coletiva, incluindo as dimensões mais privadas e corriqueiras relacionadas à intimidade do cotidiano. Com o saber acumulado e centralizado na figura do controlador que "tudo" via graças à convergência das informações que lhe chegavam, esse Grande Irmão podia interferir e, em certa medida, dirigir a vida dos que lhe eram submetidos. Em uma dinâmica assim estabelecida, não era apenas o agente policial quem realizava a vigilância. O sucesso desse empreendimento foi conquistado especialmente com a viabilização daquilo que era denominado, no romance, "polícia do pensamento". Por meio dela, cada indivíduo tomava para si a função de vigiar a própria conduta, participando de um circuito cujas informações, ao final, convergiam sempre para o controlador soberano. E esse circuito era tão bem articulado que ficamos com a impressão, no decorrer da leitura, de que não existia nenhuma possibilidade de estar fora do controle. Tudo estava sob a sua égide, nada lhe escapava.

A produção de um modo de vida obediente também foi abordada em *Admirável mundo novo*. Ali, não só o controle sobre os corpos era amplamente intensificado como ganhavam evidência, novamente, as estratégias utilizadas para fazer que cada indivíduo se envolvesse na manutenção da ordem. E isso acontecia de tal forma que qualquer questionamento era entendido como insubmissão, como algo que precisava ser amplamente combatido e abolido, fosse por meio de punições físicas, fosse pelo chamado "soma". Este último era uma espécie de droga que, uma vez ingerida, agia diretamente sobre o organismo e o psiquismo, pondo fim aos questionamentos identificados como subversivos. Esse sedativo servia também para combater o mal-estar desencadeado pelo simples fato de estar vivo e, dessa forma, sujeito a experimentar crises, dúvidas e transformações. Entretanto, por mais que essas dimensões fossem neutralizadas e controladas pelos diversos mecanismos de vigilância descritos no romance, elas não deixavam de ser, de alguma maneira, experimentadas pelos personagens.

É sabido que o século XX foi profundamente marcado pela emergência do autoritarismo com diferentes matizes, o que trouxe funestas consequências para a vida humana, dentre as quais merecem destaque a Primeira e a Segunda Guerra Mundial. Em consonância com esses acontecimentos, as obras literárias há pouco citadas mostraram-se amplamente implicadas com seu tempo, podendo ser tomadas como índices da problemática política que marcava o período: uma forma de poder que tendia para o autoritarismo e que marcava a vida da população de maneira bastante coercitiva. O que chama atenção nessas obras é o fato de vislumbrarem um futuro no qual a vigilância seria cada vez mais austera e rigorosa.

Mais de meio século depois dessas publicações, podemos dizer que os procedimentos nelas descritos são diferentes daqueles que vemos hoje. Novas estratégias de controle vêm sendo largamente produzidas e ganham contornos bem mais diversificados, móveis e difusos, como veremos no decorrer deste livro.

Assim, basta um olhar mais atento sobre a maneira como vivemos hoje para perceber que foram produzidas novas configurações para o controle e que elas estão presentes em todos os lugares por onde andamos. São olhares, enunciados, imagens, escritos – enfim, uma ampla variedade de meios que nos convoca a prestar atenção em alguns aspectos da nossa vida e da vida daqueles que nos cercam. Esse monitoramento invade o cotidiano, ora de maneira sutil – como o uso da recorrente frase "Sorria, você está sendo filmado!" –, ora por meios ostensivos, como a presença constante da polícia armada nas ruas. Isso nos leva a acreditar que o controle se tornou, nos últimos anos, um dispositivo sofisticado que se disseminou no cotidiano e passou a fazer parte da vida da população sem ser necessariamente identificado como tal.

Sendo operacionalizados hoje de maneira disseminada e refinada, os dispositivos de controle não se limitam a atuar apenas em espaços fechados. De fato, com o avanço e as transformações da vida urbana nas últimas décadas, cresceu também a necessidade de ampliar as formas de controle e de estendê-las para os espaços abertos. Esses espaços são bem mais complexos e se caracterizam pela passagem de um fluxo populacional constituído pela mistura de indivíduos diferentes. Para tentar administrar essa diversidade e os conflitos que nela ocorrem, os dispositivos de controle se multiplicam e atuam em redes que monitoram a movimentação e o deslocamento do sujeito, bem como dos demais fluxos que atravessam sua existência. Tais fluxos são variados e envolvem a passagem de veículos, mercadorias e dinheiro, assim como a localização de vírus e moléculas que circulam no interior do organismo – e essa lista não para de crescer.

É claro que o indivíduo continua sendo um alvo do controle. Mas, como ele já não é facilmente localizável dentro dos limites de um espaço institucional fechado, a ação estratégica dos dispositivos sofreu modificações, passando a operar por modulação, ou seja, só interessa controlar o indivíduo (ou os demais fluxos) naquelas ocasiões em que sua passagem atrapalha, de alguma maneira, a continuidade de determinada organização social. Também em função dessa mobilidade o controle foi disseminado por um espaço urbano que tende a se expandir, produzindo mudanças para além dele, em áreas mais distantes e pouco povoadas.

Vemos, assim, que novos dispositivos são continuamente criados. Por meio deles, é possível identificar e selecionar as pessoas, os fluxos, os lugares e as ocorrências que, do ponto de vista de uma sociedade organizada e administrada, precisam sofrer algum tipo de intervenção. Para entender como esse empreendimento acontece é preciso definir, em primeiro lugar, o que é um dispositivo.

A palavra "dispositivo" diz respeito a determinada maneira de *dispor*, de *ordenar* ou de *posicionar* estrategicamente sujeitos e equipamentos. Junto com essa *disposição* são produzidas formas específicas de saber que, por sua vez, subsidiam os programas institucionais, as regras de conduta e os diversos procedimentos de normalização. Michel Foucault, na entrevista intitulada "Sobre a história da sexualidade" (1996b, p. 244), explica o que ele entende por dispositivo:

> Através desse termo tento demarcar, em primeiro lugar, um conjunto
> decididamente heterogêneo que engloba discursos, instituições, orga-

nizações arquitetônicas, decisões regulamentares, leis, medidas administrativas, enunciados científicos, proposições filosóficas, morais, filantrópicas. Em suma, o dito e o não dito são os elementos do dispositivo. O dispositivo é a rede que se pode estabelecer entre estes elementos.

As diversas conexões geradas a partir dessa rede heterogênea fazem que os dispositivos se espalhem por diferentes contextos, penetrando até mesmo nas relações privadas. Cada sujeito se inscreve como parte integrante do dispositivo de maneira singular, sendo, para ele, doador de sentido e legitimidade. Trata-se de uma produção coletiva, na qual cada indivíduo comparece como coprodutor. Estamos lidando, portanto, com uma invenção humana que, como tal, é sempre contextualizada de acordo com o momento histórico, sendo operacionalizada e transformada continuamente pelos agentes conectados a ela. Por isso mesmo, Deleuze (1996, p. 92) considera que nós "pertencemos a dispositivos e neles agimos". Assim, ao mesmo tempo que nos inserimos em determinada organização social, aderindo ou resistindo a ela, também contribuímos para reproduzir ou transformar os dispositivos que nela circulam.

Quando analisamos especificamente a produção dos dispositivos de controle contemporâneos, encontramos um funcionamento mais descentralizado e agregador de um número cada vez maior de agentes. Nesse empreendimento, cada participante atua sem ser necessariamente identificado como agente controlador. Assim, a tendência que hoje se afirma é a de que os dispositivos de controle podem ser acionados em qualquer lugar, por qualquer indivíduo e a qualquer momento, dependendo das estratégias utilizadas para viabilizar seu exercício.

Foucault esclarece, ainda, que esse conjunto heterogêneo pode ser articulado no cotidiano de diferentes formas e com objetivos distintos. É possível encontrá-lo, por exemplo, no "programa de uma instituição" (1996b, p. 244) que se ocupa em educar, curar, julgar ou fazer produzir. Em cada um desses casos, os dispositivos são colocados estrategicamente em funcionamento, e isso pressupõe uma "intervenção racional e organizada" (p. 246), produzida pelo acúmulo de saberes, o que, ao mesmo tempo e de maneira indissociável, gera diversos efeitos de poder sobre a vida dos indivíduos.

Entretanto, essa racionalidade não se mantém estável. Ela é, o tempo todo, atravessada por novos elementos que recorrentemente entram em cena e, de maneira imprevisível, alteram ou rompem seu funcionamento. O próprio sujeito pode ser analisado como um desses elementos. Afinal, ao entrar em contato com diferentes dispositivos, ele os acolhe ou recusa sempre de maneira singular, e, com isso, também se torna capaz de gerar uma série de outros saberes sobre a situação.

À medida que novos elementos dispersos (sujeitos e equipamentos) são introduzidos nessa rede heterogênea, eles tendem a modificá-la, rearticulando suas conexões e produzindo efeitos que guardam diferenças em relação ao arranjo anterior. Nesse processo, é o próprio dispositivo que se transforma a fim de acompanhar problemas específicos enfrentados a cada tempo histórico.

Atentando para esse movimento, este livro começa com uma investigação histórica das rupturas que vêm acontecendo nos dispositivos e nas maneiras como cada sujeito interage com essas transformações em seu cotidiano. No decorrer do Capítulo 1, "Da sociedade disciplinar à sociedade de controle", partimos da análise foucaultiana sobre as disciplinas e avançamos até aquilo que Gilles Deleuze denomina, em um de seus últimos escritos, sociedade de controle. Veremos que tais transformações não envolvem uma mera passagem linear (de um regime de poder a outro) já finalizada, mas um movimento complexo que abarca a coexistência dos dispositivos disciplinares e de controle.

Em seguida, o livro aborda a seguinte questão: como investigar os dispositivos de controle contemporâneos, que se tornam cada vez mais diversificados e oferecem condições para que a vida seja monitorada de diferentes perspectivas? Em vista dessa dificuldade, recorremos à estratégia da *descrição* de fatos cotidianos vividos pela população e veiculados pelos meios de comunicação. Acreditamos que as descrições das diferentes situações que envolvem o controle possibilitam um mapeamento parcial dessa rede heterogênea sem comprometer a fluidez que lhe é própria. As situações cotidianas nas quais o controle se faz presente foram, então, pesquisadas em documentos que são de domínio público: jornais, encartes, peças publicitárias, sites, programas televisivos e revistas de circulação nacional que se ocupam em noticiar acontecimentos da realidade brasileira. Interessava-nos dar visibilidade a esses tipos de documento precisamente pela facilidade que se tem, a partir deles, de fazer circular informações que até podem estar distantes do dia a dia do leitor e/ou espectador, mas que, por seu intermédio, podem ser tanto acessadas quanto amplamente debatidas e problematizadas.

Como dito anteriormente por Foucault, os dispositivos se articulam em redes heterogêneas, então o passo seguinte deste livro foi desdobrar parte dessas redes e acompanhar o movimento incessante de suas linhas. Isso porque, à medida que se efetuam e penetram no cotidiano da população, os dispositivos também participam da produção de subjetividades. Pode-se dizer que parte dessa produção ocorre a partir das conexões que cada sujeito estabelece com os dispositivos. Nesse contato, ele é recorrentemente levado a falar e também a pensar sobre si mesmo ou sobre aquilo que acontece ao seu redor. Assim, percorrer os enunciados, as imagens, os equipamentos, os planejamentos arquitetônicos e as reformas institucionais de diferentes tipos configurou-se um modo possível de acompanhar o movimento das diferentes linhas que compõem essa complexa rede.

Entretanto, durante essa investigação, as descrições selecionadas apresentavam um grau de complexidade crescente, deixando entrever que o dispositivo não se presta a segmentações evidentes e estáticas. Sobre isso, Deleuze (1996, p. 83) assinala que as linhas "seguem direções, traçam processos que estão sempre em desequilíbrio, e que ora se aproximam ora se afastam umas das outras". Nota-se, então, que para analisar as formas de controle contemporâneas é fundamental compreender sua fluidez.

Para lidar com essa multiplicidade de direções e de conexões, as situações pesquisadas foram agrupadas em três feixes de linhas assim denominados: "Vigilância disseminada", "Controle-estimulação" e "Controle de riscos". Em cada um desses capítulos é possível encontrar situações de controle que guardam ressonâncias entre si e que, uma vez reunidas em feixes, serviram como ponto de partida para a produção de uma cartografia parcial do dispositivo de controle, obviamente sem a pretensão de, com isso, esgotá-lo.

No Capítulo 2, "Vigilância disseminada", são encontradas descrições que, apesar de advirem de locais distintos de nosso país, guardam semelhanças entre si, visto que convocam o sujeito a observar detalhes da própria vida e da vida do outro sob o enfoque da vigilância. Diversas questões atravessam esse capítulo: Afinal, de onde parte a vigilância? Para quem são dirigidos esses olhares? Quais fluxos são preferencialmente monitorados? Quais novos componentes de subjetivação são criados e colocados em circulação devido a essa preocupação com a vigilância? Percorrendo tais questões foi possível dar maior visibilidade ao modo como é efetuado esse controle e às diferentes maneiras como o sujeito participa dele.

Quando avançamos para o Capítulo 3, "Controle-estimulação", outro universo de controle emerge e, apesar de ser tão propagado quanto a vigilância, não necessariamente é reconhecido como tal. Esse tipo de controle utiliza-se dos resultados de pesquisas nas quais a população é amplamente estimulada a expressar seus anseios e preferências referentes a diversos aspectos de seu dia a dia. Os valores, opiniões, ideias e aspirações, uma vez coletados e analisados, são transformados em peças publicitárias que, por sua vez, se ocupam em lançar novas mercadorias e serviços a serem consumidos. Assim, partindo de um controle que se exerce por estimulação, novas questões emergem: De que maneira, historicamente, consumo, felicidade e verdade foram articulados para facilitar a circulação de dinheiro? Como o sujeito se inscreve no circuito produção-consumo? Que tipo de satisfação é possível experimentar com o acesso às mercadorias e aos serviços, visto que a inserção do sujeito nesse universo não se efetua por mera obediência?

Por fim, nas descrições do Capítulo 4, "Controle de riscos", encontramos como diferencial uma preocupação crescente por parte da população no que diz respeito à continuidade da existência em suas diferentes dimensões, que podem ir da preservação do corpo vivo até a garantia de segurança de um patrimônio financeiro conquistado. Nesse caso, há todo um esforço para identificar, administrar e evitar aqueles riscos que, de alguma maneira, já podem ser minimamente representados e mensurados. Discutimos nesse capítulo questões como: de que maneira a tecnologia participa desse projeto preventivo? Como o sujeito se constitui diante dos diferentes dados elaborados sobre seu corpo e diante da constatação de sua vulnerabilidade aos riscos?

Essas e tantas outras questões que atravessaram as descrições foram decisivas para cartografar e dar certa visibilidade aos três feixes de linhas aqui estudados. Entretanto, no decorrer da elaboração dos capítulos, foi comum detectar situações mais complexas que sempre tendiam a escapar daquele feixe de linhas no qual haviam sido inicialmente incluídas. Nessas ocasiões, foi possível notar que não se podem apreender os fluxos que atravessam a existência segundo linhas endurecidas, visto que eles estão em constante agitação e movimento. Constatando essa mobilidade, recorremos novamente a Deleuze (1996, p. 89), que assinala quanto as linhas "se entrecruzam e se misturam, acabando umas por dar noutras, ou suscitar outras, por meio de variações ou mesmo mutações". Assim, por vezes uma mesma descrição poderia estar presente nos três feixes, fazer conexões inusitadas entre eles e, ao mesmo tempo, insistir na fuga, lançando a investigação a um desafio provocante e renovado.

Buscando certa aproximação com esse movimento, avançamos então para o Capítulo 5, "Cruzando as linhas". Nele abordamos a própria linha de subjetivação, ou seja, a constituição do sujeito em meio aos dados de cada experiência vivida. E esse cruzamento inclui também as diferentes possibilidades de resistência que ora se ensaiam no contexto de controle. Isso porque, apesar da dificuldade tanto de detectar os dispositivos que atravessam nosso cotidiano e se multiplicam a cada dia quanto de atribuir-lhes sentidos, não estamos meramente passivos nesse processo. Procuramos analisar, nesse capítulo, como o sujeito se constitui nesse vasto campo de possibilidades, explorando as diferentes modalidades de conexão ao dispositivo.

Tendo percorrido o movimento dessas linhas, pudemos notar que ainda faltava mostrar como elas, ao se cruzarem, passavam a fazer parte da vida do sujeito, sendo atualizadas de maneira singular em seu cotidiano. Para dar visibilidade a isso, trouxemos o relato de uma experiência que compõe o Capítulo 6, "O sequestro". Nesse depoimento, é possível observar *como* um acontecimento pode afetar, perturbar e gerar processos de subjetivação quando convoca o sujeito a se conectar com os dados de uma experiência única e a agir de acordo com as condições que ele encontra em cada instante que vive. Cabe assinalar que tal acontecimento, um sequestro, caracteriza-se por um controle do destino do sequestrado que pretende ser absoluto. O desfecho dessa situação se dá também pela utilização estratégica e multifacetada desse dispositivo.

Assim, como considerou Deleuze, estamos vivendo uma passagem histórica da sociedade disciplinar à sociedade de controle. Este livro busca identificar e problematizar as mudanças que essa passagem introduz no modo de viver e se relacionar com o mundo e, por fim, busca mostrar como a psicologia pode colaborar para a compreensão deste tempo histórico.

Em um terreno mutante como esse são experimentadas transformações subjetivas de diferentes tipos e intensidades. Isso nos coloca em contato tanto com a irredutibilidade da vida perante os dispositivos quanto com algumas situações nas quais o controle toma contornos intoleráveis. Tais contatos exigem todo um esforço de elaboração do vivido. Assim, a cada novo regime de poder o sujeito enfrenta acontecimentos inusitados, nem sempre imediatamente identificáveis, nem sempre facilmente representáveis. Acolhendo os incômodos trazidos por essas questões, esta obra busca servir como mais um espaço de problematização daquilo sobre o que ainda pouco se sabe: a complexidade crescente da vida em sociedade.

PARTE I

TEMATIZANDO A SOCIEDADE DE CONTROLE

1

DA SOCIEDADE DISCIPLINAR À SOCIEDADE DE CONTROLE

É sabido que as mudanças ocorridas nas últimas décadas do século XX e nos primeiros anos do século XXI têm acontecido de maneira bastante veloz, talvez mais do que em qualquer outro tempo histórico. Destacam-se aí os avanços tecnológicos, midiáticos e científicos, para citarmos apenas alguns exemplos. Com isso, novos modos de subjetivação vêm sendo produzidos na contemporaneidade em um movimento complexo de adesão, sustentação ou resistência em relação a tais mudanças. Neste capítulo será investigada uma dimensão dessas transformações: a passagem da organização social disciplinar para algo que vem sendo denominado por alguns autores sociedade de controle.

É Deleuze, em um de seus últimos escritos, quem anuncia que desde a segunda metade do século XX estamos vivendo um tempo histórico de rápidas mudanças no que se refere à organização social e à construção dos modos de subjetivação que as acompanham. Ele mostra que a organização da sociedade segundo o dispositivo disciplinar, amplamente estudada por Foucault, é algo que estamos deixando para trás. Com isso, há um rearranjo na paisagem social contemporânea, que ajuda a compor de maneira diferente a dinâmica da sociedade atual. E isso se deve, em parte, aos novos dispositivos de controle que vêm sendo criados e que estão espalhados por todo o campo social.

Apesar de o modo de organização disciplinar ainda não ter sido, em larga medida, superado, Deleuze (1996, p. 93) assinala que "as disciplinas descritas por Foucault são a história daquilo que vamos deixando pouco a pouco de ser; e a nossa atualidade desenha-se em dispositivos de *controle* aberto e contínuo, muito diferentes das recentes disciplinas fechadas". Para avançar nessa discussão, primeiro faremos uma breve caracterização da chamada sociedade disciplinar, a fim de cartografar as mudanças ensaiadas na passagem desta para a sociedade de controle.

Foucault (1998, p. 120) esclarece que, para fazer a descrição das formas de dominação presentes na sociedade disciplinar, mantendo contato com a trama de suas múltiplas articulações e com as ações de base que possibilitaram seu funcionamento, é necessário primeiro estabelecer uma proximidade com os meandros do campo social e conhecê-lo detalhadamente. Isso porque, de acordo com esse pensador, as relações de poder percorrem a vida por inteiro e se efetuam por meio de pequenas "astúcias dotadas de um grande poder de difusão, arranjos sutis, de aparência inocente, mas profundamente suspeitos, dispositivos que obedecem a economias inconfessáveis, ou que procuram coerções sem grandeza". Analisar a sociedade disciplinar implica, portanto, a "demora sobre o detalhe e a atenção às minúcias". Trata-se de investigar como ganha forma e se articula essa "microfísica do poder" que aos poucos se espalhou por todo o campo social.

A sociedade disciplinar pode ser localizada historicamente a partir do século XVIII, tendo como condição para sua emergência a composição de diversas forças, dentre as quais se destaca a expansão do capitalismo e da industrialização. Foucault nos mostra que, para atender às demandas econômicas que tomavam forma nesse momento, a sociedade disciplinar ajudou a consolidar e a disseminar a noção de *indivíduo*. Este era tomado como uma "unidade evidente" que precisava ser conhecida a fim de responder a uma demanda da época como mão de obra disciplinada e inserida no sistema de produção. Entretanto, essa não era uma tarefa simples. Para viabilizá-la, o indivíduo foi amplamente investigado e submetido a um sistema de vigilância especializado que se ocupava em fazer respeitar todo um conjunto de referências às leis e às normas. Assim, somente aos poucos a disciplina foi internalizada nas massas do capitalismo vigente. Tratava-se da produção dos chamados "corpos dóceis" (1998, p. 117), ou seja, a produção de "um corpo que pode ser submetido, que pode ser utilizado, que pode ser transformado e aperfeiçoado" (1998, p. 118).

De acordo com Foucault, o exercício do poder voltado para promover a individualização e aumentar a produtividade foi construído de maneira contextualizada e situada, aplicando-se "à vida cotidiana imediata que categoriza o indivíduo, marca-o com sua própria individualidade, liga-o à sua própria identidade, impõe-lhe uma lei de verdade, que devemos reconhecer e que os outros têm que reconhecer nele" (1995, p. 235). A individualização configurou-se, portanto, como uma espécie de lei, como um regime de verdade legitimado na esfera social, pelo qual o indivíduo foi fixado nos meios de produção, contando, para isso, com a intervenção das instituições disciplinares.

Entretanto, a ação de promover a incorporação das práticas preconizadas por essas instituições na vida cotidiana da população não foi um movimento rápido. Exigiu não apenas a expansão e a especialização das redes do poder que ajudaram a disseminar um modo de subjetivação caracterizado pelo assujeitamento, mas também uma grande produção de saberes difundidos pelas ciências humanas. Assim, expõe Foucault (2003d, p. 67):

> Para que o homem transformasse seu corpo, sua existência e seu tempo em força de trabalho, e a pusesse à disposição do aparelho de produção que o capitalismo buscava fazer funcionar, foi preciso todo um aparelho de coações; e me parece que todas essas coações que atingem o homem desde a creche e a escola o conduzem ao asilo de velhos passando pela

caserna, sempre a ameaçá-lo – "ou bem você vai para a usina, ou bem você encalha na prisão ou no asilo de alienados!" –, à prisão ou ao hospital psiquiátrico, todas essas coações estão referidas a um mesmo sistema de poder.

Foucault mostra, então, que esse sistema de poder que se utilizou do dispositivo disciplinar foi articulado na sociedade por meio de duas estratégias diferentes: primeiro, a estratégia que se apoiava na disposição arquitetônica, tendo como finalidade criar condições objetivas de observação e controle de cada indivíduo, investindo para isso no planejamento calculado da estrutura física das instituições; e, em segundo lugar, aquela que procurava esquadrinhar e qualificar a existência do indivíduo, atenta principalmente ao seu comportamento, promovendo a aquisição de habilidades e utilizando-se das práticas presentes nas diversas instituições.

Comecemos pela disposição arquitetônica das construções, minuciosamente planejadas com o intuito de favorecer a disseminação da disciplina no seu interior. Tal planejamento facilitava a vigilância contínua de cada um de seus membros. Assim, em sua obra *Vigiar e punir*, Foucault chama a atenção para a preocupação com a arquitetura dessas instituições. Ele nos diz que nesse momento histórico uma nova problemática toma forma:

> [...] a de uma arquitetura que não é mais feita simplesmente para ser vista (fausto dos palácios), ou para vigiar o espaço exterior (geometria das fortalezas), mas para permitir um controle interior, articulado e detalhado – para tornar visíveis os que nela se encontram; mais geralmente, a de uma arquitetura que seria um operador para a transformação dos indivíduos: agir sobre aquele que abriga, dar domínio sobre seu comportamento, reconduzir até eles os efeitos do poder, oferecê-los a um conhecimento, modificá-los. (Foucault, 1998, p. 144)

Dar visibilidade ao comportamento daquele que abriga, produzindo saberes com base nos quais se tornou possível aprimorar os efeitos do poder disciplinar: eis o objetivo dessa nova arquitetura. Ao promover o planejamento do espaço físico fechado de maneira a facilitar a vigilância, era possível alcançar tanto objetivos econômicos quanto políticos, visto que os efeitos dessas novas formas de poder, que foram inscritos primeiro no interior desse contexto institucional, também puderam, posteriormente, estender-se para fora dele. Assim, a preocupação com a estrutura arquitetônica criou um campo de visibilidade pela distribuição espacial dos corpos de forma a manter "cada indivíduo no seu lugar; e, em cada lugar, um indivíduo" (1998, p. 123), buscando organizá-los por meio da separação e do alinhamento em séries de produção. Cada espaço era planejado com o objetivo de favorecer a utilidade e a funcionalidade das ações.

Com o controle dos espaços também foi possível efetuar um controle do corpo, planejando o tempo gasto para a realização de cada uma das atividades programadas. Tais atividades poderiam ser, então, minuciosamente monitoradas com intuito de aumentar o ritmo e a qualidade da produção. Assim, Foucault (1998, p. 145) considera:

> As instituições disciplinares produziram uma maquinaria de controle que funcionou como um microscópio do comportamento; as divisões tênues e analíticas por elas realizadas formaram, em torno dos homens, um aparelho de observação, de registro e de treinamento.

Mas essa maquinaria é ainda mais complexa. Como descrito anteriormente, outra dimensão desse dispositivo disciplinar a ser considerada diz respeito ao modo de viver no interior das instituições. Em um conjunto de conferências publicadas no livro *A verdade e as formas jurídicas*, Foucault esclarece algumas mudanças que o século XIX sofreu em relação à organização das instituições e às novas exigências de aperfeiçoamento provenientes do capitalismo, especialmente no contexto francês. Ele aponta, então, três mudanças que ajudam a caracterizar a sociedade disciplinar no que se refere à produção de um modo de subjetivação individual, bem como às estratégias utilizadas para aumentar a força útil dos corpos, criando condições para disseminar o uso dos exercícios, dos treinamentos e da obediência às hierarquias.

Até o século XVIII, encontramos modos de subjetivação construídos no interior dos grupos sociais, sendo que a manifestação do vínculo era o que lhes dava sustentação e o controle era definido e exercido pelos próprios membros que o constituíam (Foucault, 1999a). Já na organização disciplinar houve uma mudança significativa. Uma vez inserido e enquadrado nas instituições de acordo com a situação em que se encontrava em dado momento (estudante, doente, operário ou prisioneiro), o indivíduo passava a ser vigiado por um conjunto restrito de pessoas que se ocupavam prioritariamente da tarefa de discipliná-lo. Assim, a existência das instituições e de sua organização interna era anterior à composição dos grupos, que, por sua vez, eram formados de acordo com os objetivos já definidos previamente por outrem. De acordo com Foucault (1998, p. 113), o que muda a partir da emergência das instituições disciplinares é que:

> [...] não é de forma alguma na qualidade de membro de um grupo que o indivíduo é vigiado; ao contrário, é justamente por ser um indivíduo que ele se encontra colocado em uma instituição, sendo esta instituição que vai constituir o grupo, a coletividade que será vigiada. É enquanto indivíduo que se entra na escola, é enquanto indivíduo que se entra no hospital, ou que se entra na prisão. A prisão, o hospital, a escola, a oficina não são formas de vigilância do próprio grupo. É a estrutura de vigilância que, chamando para si os indivíduos, tomando-os individualmente, integrando-os, vai constituí-los secundariamente enquanto grupo.

A organização das instituições disciplinares tinha por objetivo incluir cada indivíduo em domínios bem específicos de poder a fim de fixá-los em papéis sociais que, uma vez definidos e cristalizados, deveriam ser incorporados e desempenhados durante o tempo em que neles permanecesse, tendo como suporte o olhar de uma vigilância atenta e especializada. Entramos, assim, nos domínios de uma segunda mudança operacionalizada pelas instituições disciplinares. Estas últimas, desde sua criação, "têm como finalidade não excluir, mas, ao contrário, fixar os indivíduos [...] em um aparelho de normalização dos homens" (1998, p. 114). Dessa maneira, a organização da sociedade disciplinar se ocupava em ampliar seu raio de intervenção envolvendo, se não toda, pelo menos o máximo possível da vida desse indivíduo que precisava estar sempre incluído em uma de suas instituições e estar fixado em algum regime disciplinar. Com isso, além de disciplinar, as instituições também produziam os mais diferentes tipos de saberes que davam sustentação a esse processo de normalização dos corpos e da existência, utilizando, para isso, os exames e os registros. Por meio da inclusão institucional, o indivíduo poderia ser socialmente reconhecido à medida que lhe eram atribuídos um papel social, uma atividade, um lugar, enfim, uma identidade. Sobre isso, Foucault (1998, p. 114) diz:

> A fábrica não exclui os indivíduos; liga-os a um aparelho de produção. A escola não exclui os indivíduos; mesmo fechando-os; ela os fixa a um aparelho de transmissão do saber. O hospital psiquiátrico não exclui os indivíduos; liga-os a um aparelho de correção, a um aparelho de normalização dos indivíduos. O mesmo acontece com a casa de correção ou com a prisão.

Podemos perceber, então, que na sociedade disciplinar o indivíduo encontra-se o tempo todo inserido em uma instituição, podendo percorrer várias delas no decorrer de sua existência, desde que termine a tarefa que lhe foi destinada. Uma vez concluída essa tarefa, ele poderia começar outra atividade em uma instituição diferente, ou seja: na escola, terminar os estudos; no hospital, reabilitar a saúde física ou mental; na prisão, "pagar" por um crime; e assim sucessivamente, constituindo um movimento que seguisse certa linearidade. Deleuze (1992, p. 219) diz que nesse contexto o "indivíduo não cessa de passar de um espaço fechado a outro, cada um com suas leis".

Apesar de ocupar-se de dimensões diferentes da existência e de utilizar distintos aparelhos de inclusão, o objetivo disciplinar atravessava todas as instituições. Com isso, uma terceira mudança ajudou a concretizar os objetivos da sociedade disciplinar, pois, apesar de cada instituição procurar imprimir marcas diferenciadas na vida cotidiana, seu funcionamento não ocorria de maneira isolada, mas envolvia uma rede ampla de contato por intermédio da qual circulavam informações sobre a disciplinarização, o comportamento, enfim, uma troca de diferentes saberes acumulados com base na observação e na vigilância. Foucault (1999a, p. 115) enfatiza que as instituições se constituem como um interior no qual "nossa existência se encontra aprisionada".

Temos então não apenas a organização planejada dos espaços institucionais com a distribuição calculada dos indivíduos em séries e cadeias produtivas, mas também uma análise minuciosa de sua conduta. Esses dois aspectos garantiam o bom desempenho das atividades executadas no interior das instituições.

Entretanto, essa organização não funcionava de maneira regular e contínua. Havia focos de resistência a essa forma de poder nos diferentes espaços e com diferentes configurações, fato que demandava a presença constante de fiscalizadores e chefes especializados no olhar e na vigilância, que trabalhavam para manter os corpos dóceis, disciplinados e produtivos.

Mas, para que realmente servia essa rede institucional tão bem articulada? Foucault mostra que a produção e o acúmulo de riquezas constituíam o centro desse dispositivo de poder voltado para a disciplinarização. E, para garanti-los, diversas dimensões da vida humana foram postas a serviço da produção, por um movimento que não era tão simples quanto a reclusão no interior das instituições. Ganhava forma, naquele período, algo bem mais complexo que se denominou "sequestro" (1998, p. 114). Tratava-se de um sequestro que se apropriava do tempo, do corpo e do comportamento dos homens, com o objetivo de extrair mais saberes que, por sua vez, serviriam de sustentação para a manutenção e o aperfeiçoamento do exercício do poder sobre esses mesmos homens.

Assim, a produção disciplinar e de regulamentação da vida caminhavam lado a lado, dando condições para a consolidação do sistema de produção capitalista. Foucault (1998, p. 182) diz, então:

> Na verdade os dois processos, acumulação de homens e acumulação de capital, não podem ser separados; não teria sido possível resolver o problema da acumulação de homens sem o crescimento de um aparelho de produção capaz ao mesmo tempo de mantê-los e de utilizá-los; inversamente, as técnicas que tornam útil a multiplicidade cumulativa de homens aceleram o movimento de acumulação de capital.

O dispositivo disciplinar conjugava elementos múltiplos e díspares que envolviam a produção de saberes (daí a importância atribuída às ciências humanas nesse momento histórico), mas também a efetuação de práticas específicas de vigilância e registro que possibilitavam a normalização desses mesmos indivíduos. Foi durante a busca dessa normalização que o corpo tornou-se um objeto a ser investigado.

Um dos procedimentos utilizados nessa época, com o objetivo de facilitar a normalização dos indivíduos, foi o exame. Segundo Foucault (1998, p. 154), essa prática "combina as técnicas da hierarquia que vigia e as da sanção que normaliza". Assim, além de ajudar a promover a vigilância do indivíduo, o exame ainda servia para qualificar, classificar e dar condições, com o registro e o acúmulo de dados, de definir quando seria necessário recorrer a algum tipo de tratamento ou punição. Foi por meio do exame que o século XVIII viu organizarem-se, de maneira mais efetiva, as instituições hospitalares e suas rotinas de trabalho, introduzindo em seu funcionamento cotidiano as visitas mais frequentes dos médicos aos doentes e a definição de uma hierarquia rígida que facilitou a inspeção e a observação constantes. Toda essa mudança, de acordo com Foucault (1998, p. 155), serviu para colocar "o doente em situação de exame quase perpétuo". Essa condição de vigilância contínua não era exclusiva dos hospitais; fazia-se presente também nas demais instituições.

Assim, o uso do exame como um procedimento que associava a produção de saberes aos diferentes efeitos de poder, além de qualificar e classificar, ajudava ainda a calcular, a distribuir e, principalmente, a comparar os indivíduos, normalizando-os. Isso era feito conforme os dados aumentavam a visibilidade do que era até então invisível: o indivíduo, seu corpo, sua saúde e sua capacidade produtiva.

Mas não foi só o indivíduo quem ganhou visibilidade por meio do exame. Também a população, como um corpo múltiplo e diversificado, passou a requerer uma atenção mais aprofundada dos cálculos do poder. A preocupação com a espécie viva tornou--se, no século XIX, um novo alvo para aprimorar ainda mais todo o funcionamento dessa maquinaria. Tratava-se de uma tarefa política voltada para a biorregulamentação, realizada pelo poder de Estado, que utilizava um sistema comparativo de dados e a estimativa de desvios.

Foucault chama a atenção para a existência dessas duas tecnologias distintas, que foram introduzidas em momentos históricos diferentes, mas que se sobrepunham e se articulavam nesse exercício de poder:

> Uma técnica que é, pois, disciplinar: é centrada no corpo, produz efeitos individualizantes, manipula o corpo como foco de forças que é preciso tornar úteis e dóceis ao mesmo tempo. E, de outro lado, temos uma tecnologia

> que, por sua vez, é centrada não no corpo, mas na vida; uma tecnologia que agrupa os efeitos de massas próprios de uma população, que procura controlar a série de eventos fortuitos que podem ocorrer numa massa viva; uma tecnologia que procura controlar (eventualmente modificar) a probabilidade desses eventos, em todo caso compensar seus efeitos. É uma tecnologia que visa portanto não o treinamento individual, mas o equilíbrio global, algo como uma homeóstase: a segurança do conjunto em relação aos seus perigos internos. (Foucault, 1999b, p. 297)

Nessa maquinaria disciplinar, os indivíduos e a população ocupavam lugares distintos. Os primeiros precisavam estar devidamente inseridos em uma instituição, fixados em uma rede de produção e, ocasionalmente, ser submetidos a exames, tratamentos ou punições. Já a população demandava uma atenção cada vez mais rigorosa por parte do Estado, visto que seu crescimento a tornava mais complexa. Diante desse cenário, um dos grandes problemas enfrentados era exatamente a dificuldade de manter o controle e a vigilância sobre a totalidade da população.

Vemos, então, que o exame, como uma técnica que incidiu sobre a vida do indivíduo, ampliou sua aplicabilidade, desdobrando-se em cálculos, medições, estimativas estatísticas e até mesmo previsões. Tudo isso foi feito tendo como base as grandes classificações binárias: normal/anormal, saudável/doente, incluído/excluído. Por meio desses dados foi possível definir mecanismos reguladores que poderiam introduzir modificações na vida da população, podendo até mesmo corrigi-la. Foi assim que o dispositivo disciplinar articulou-se com outras dimensões da vida da população que ganharam relevância nesse momento histórico, como a questão da saúde pública e do saneamento, o crescimento e o planejamento urbano, a educação e a organização da família segundo o modelo burguês. Todas essas dimensões passaram a ser alvo de estudos quantitativos e qualitativos, com base nos quais era possível delinear ações que, contando com dados estatísticos cada vez mais precisos, poderiam, então, em certa medida, introduzir mudanças dirigidas para aumentar a utilidade, a produtividade e a longevidade da espécie.

Tomando como referência os saberes acumulados pelo exame individual e os dados analisados pela estatística populacional, o indivíduo era permanentemente definido por um grau de normalidade comparativa. Na tentativa de promover a homogeneização da massa populacional, esses dados serviam de suporte para mostrar que toda ação realizada pelo indivíduo ou pelo grupo tinha duas consequências: o castigo ou a recompensa. Foucault avança em sua análise sobre as disciplinas fazendo um estudo sobre o panóptico de Bentham[1]. Suas investigações mostram que as disciplinas não precisam ser efetuadas exclusivamente no interior das instituições, mas podem ter seus efeitos de vigilância e obediência estendidos para além de seus muros. Ele afirma, então, que "também importa mostrar como se podem 'destrancar' as disciplinas e fazê-las funcionar de maneira difusa, múltipla, polivalente no corpo social inteiro" (Foucault, 1998, p. 172). Recorrer ao panóptico serviu precisamente para mostrar como a lógica do dispositivo disciplinar pode transpor os muros institucionais à medida que cada indivíduo tenha internalizado, de maneira profunda, seu funcionamento e o tenha adotado nas relações do dia a dia. Assim, para Foucault (1998, p. 169-70), o panóptico "deve ser compreendido como um modelo generalizável de funcionamento; uma maneira de definir as relações do poder com a vida cotidiana dos homens".

Ele começa então a vislumbrar quais transformações podem ser geradas em uma sociedade a partir da disseminação da disci-

---

1 O panóptico de Bentham consiste em uma construção arquitetonicamente planejada para facilitar a vigilância daqueles que estão em seu interior. Na obra *Vigiar e punir*, Foucault (1998, p. 165-6) o descreve da seguinte maneira: "na periferia uma construção em anel; no centro, uma torre; esta é vazada de largas janelas que se abrem sobre a face interna do anel; a construção periférica é dividida em celas, cada uma atravessando toda a espessura da construção; elas têm duas janelas; uma para o interior, correspondendo às janelas da torre, outra para o exterior, permitindo que a luz atravesse a cela de lado a lado".

plina em um meio social mais aberto. Nesse caso, o dispositivo passa a circular em estado livre, sem obstáculos que inviabilizem sua efetuação, ou seja, trata-se de "um dispositivo funcional que deve melhorar o exercío do poder tornando-o mais rápido, mais leve, mais eficaz, um desenho das coerções sutis para uma sociedade que está por vir" (1998, p. 173). Essa funcionalidade e essa capacidade de circular em estado livre assinalam uma ruptura com os dispositivos disciplinares, evidenciando a emergência do controle como um dispositivo distinto.

Após essa breve caracterização da sociedade disciplinar[2], podemos circunscrever algumas das forças que deram forma a essa política de subjetivação presente no interior das instituições. Primeiro temos o indivíduo, sujeitado a um regime de verdade que se materializava na obediência às leis jurídicas, aos procedimentos higiênicos e às normas sociais vigentes naquela época. As instituições, bastante fortalecidas, ocupavam-se em difundir a importância do trabalho, da utilidade e da produção como valores que deveriam ser assumidos pelo indivíduo dito normal. Nesse sentido, Foucault (1988, p. 82) diz que, na sociedade disciplinar, estamos diante de um poder que se consolida por intermédio da lei, em que "o sujeito que é construído como sujeito – que é 'sujeitado' – é aquele que obedece".

Para que essa obediência se tornasse efetiva, foi necessário criar uma dinâmica na qual o indivíduo se reconhecesse como alguém que estava sendo permanentemente vigiado por uma rede hierárquica extensa e composta por pessoas especializadas no olhar. E, por estar submetido a esse dispositivo de vigilância e ter consciência de seu funcionamento, ele tinha certa clareza de que estava, na maior parte do tempo, à mercê das mais diferentes penalidades, caso fosse pego fazendo algo que contrariasse os códigos normativos e legais.

---

2 O leitor interessado especificamente nesse assunto poderá encontrar mais informações nas obras *Vigiar e punir* e *A verdade e as formas jurídicas*, de Michel Foucault, já citadas.

Assim, o modo de subjetivação consolidado nesse tempo histórico envolveu um processo de individualização e de busca constante pela posse de uma identidade que possibilitasse fixar cada indivíduo em uma instituição e em um papel social bem definido, o que facilitava a localização de cada um. O foco desses procedimentos estava no uso da razão e da consciência; ele tornava o indivíduo o senhor de si, centrado, capaz de decidir e de controlar a própria vida e, portanto, capaz de obedecer, de responder por si mesmo.

É possível considerar, portanto, que os modos de subjetivação produzidos nessa época eram muito mais rígidos e identitários. Sobre isso, Antonio Negri e Michael Hardt (2001, p. 353) comentam:

> As subjetividades produzidas nas instituições modernas eram como as peças de máquina padronizadas produzidas nas fábricas: o detento, a mãe, o operário, o estudante e assim por diante. Cada parte desempenhava um papel específico na máquina montada, mas era padronizada, produzida em massa, e portanto substituível por qualquer parte do seu tipo.

Ocupando-se das tarefas de segmentação e disciplinarização da vida da população, que deveria ser consciente de seu papel na máquina e reprodutora de valores sociais padronizados, a lógica disciplinar que vigorava no interior das instituições aos poucos atingiu também seu exterior.

Nesse sentido, o dispositivo de vigilância era indispensável para manter e disseminar a ordem e a obediência aos preceitos morais vigentes. Tal dispositivo se organizava pela definição clara das mais diferentes hierarquias, que, por sua vez, faziam-se presentes em todas as instituições. Havia, dessa maneira, uma distância entre o indivíduo e as formas de poder que se materializavam em hierarquias rígidas, conhecidas e planejadas para "fazer obedecer". Até mesmo os focos de resistência que emergiam nessa época estavam colados a essa lógica e, em larga medida, aconteciam por meio da oposição. Encontramos, portanto, uma polaridade entre poder e resistência, por meio da qual era possível definir contra quem era preciso lutar e analisar as melhores estratégias para direcionar a batalha.

Dois séculos nos separam da invenção dessa maquinaria disciplinar e, de acordo com Deleuze, novas formas de controle da vida da população vêm se afirmando diferentemente em nosso tempo histórico, contando com a produção de novos dispositivos que são bem mais diversificados e múltiplos. O filósofo chama a atenção para o fato de ainda estarmos vivendo essa passagem e, portanto, termos apenas indícios daquilo com que estamos a caminho de romper, bem como de quais forças poderão vir a se afirmar nesse novo contexto.

Um dos sinais dessa passagem pode ser encontrado no crescente enfraquecimento das instituições disciplinares, assinalado por Deleuze (1992, p. 220):

> Encontramo-nos numa crise generalizada de todos os meios de confinamento, prisão, hospital, fábrica, escola, família. A família é um "interior", em crise como qualquer outro interior, escolar, profissional etc. Os ministros competentes não param de anunciar reformas supostamente necessárias. Reformar a escola, reformar a indústria, o hospital, o exército, a prisão; mas todos sabem que essas instituições estão condenadas, num prazo mais ou menos longo. Trata-se apenas de gerir sua agonia e ocupar as pessoas, até a instalação das novas forças que se anunciam. São as *sociedades de controle* que estão substituindo as sociedades disciplinares.

Mas como as instituições disciplinares entraram em crise? A estratificação do campo social e a criação de instituições fechadas que atendessem a demandas bem específicas, como é o caso dos hospitais, das escolas, das prisões, entre outras, estabeleciam uma tarefa estratégica: disciplinar os indivíduos, respondendo a uma necessidade histórica que, de acordo com Foucault (1998, p. 250), ocupava-se "da acumulação e da gestão útil dos homens".

Como vimos, a maneira como o poder disciplinar agia sobre o indivíduo envolvia a produção de saberes que tornavam possível efetuar o sequestro de seu corpo e de seu tempo para o trabalho, e, consequentemente, para todas as demais dimensões da vida que davam sustentação às formas de produção. Contando com uma disciplina já internalizada, capaz de funcionar para além dos muros institucionais e, portanto, atuando também em um contexto aberto e diversificado, aquela padronização que determinava papéis rígidos foi aos poucos perdendo sua eficácia, tornando-se, em alguma medida, obsoleta.

Assim, as mudanças que o capitalismo produziu, principalmente após a Segunda Guerra Mundial, introduziram uma maior competitividade no mundo do trabalho, um aumento no consumo de mercadorias diversificadas, bem como uma maior circulação de pessoas, informações e produtos. Isso, por sua vez, aumentou ainda mais as possibilidades de contato com realidades socioculturais diferentes. Para acompanhar esse novo cenário mutante e competitivo, Negri nos diz que a cristalização de papéis sociais rígidos torna-se, gradativamente, pouco funcional, requerendo do indivíduo novas habilidades que deem conta de atender a necessidade de se movimentar e de transitar com mais facilidade entre as diferentes instituições (ou o que restou delas). E, mais especificamente, de percorrer a diversidade de contextos sociais próprios da época contemporânea, de maneira mais veloz.

Já voltado para as mudanças contemporâneas, Foucault dá mais um passo à frente. Em uma conferência realizada no ano de 1978, em Quioto, denominada "A sociedade disciplinar em crise", ele lança o seguinte alerta:

> Nesses últimos anos, a sociedade mudou e os indivíduos também; eles são cada vez mais diversos, diferentes e independentes. Há cada vez mais categorias de pessoas que não estão submetidas à disciplina, de tal forma que somos obrigados a pensar o desenvolvimento de uma sociedade sem

disciplina. A classe dirigente continua impregnada da antiga técnica. Mas é evidente que devemos nos separar, no futuro, da sociedade de disciplina de hoje. (Foucault, 2003a, p. 268)

Encontramos, então, uma convergência entre as reflexões de Deleuze e Foucault[3] sobre a transformação que vivemos. Para ambos, não se trata de uma passagem rápida ou simples, mas de um movimento complexo de ruptura que vem se afirmando no decorrer das últimas décadas. E de fato já é possível perceber que, quanto mais avançam as reformas mencionadas por Deleuze, mais as instituições se distanciam do seu modo de funcionamento anterior, ao mesmo tempo que se criam novas regras, novas sanções, novas normalizações para a existência – em síntese, novos dispositivos de controle.

Ao pensar em uma sociedade sem disciplina, ou pelo menos que não tenha como foco essa estratégia de poder, Deleuze (1992, p. 220) apresenta um desafio, bastante instigante, que consiste em aguardar ou acompanhar a "instalação das novas forças que se anunciam". Apesar de se manifestarem por meio das reformas macrossociais, essas forças guardam ainda uma dimensão invisível e indizível, pois intervêm nas esferas mais capilares do cotidiano das populações.

Acompanhar essas transformações ganha relevância neste livro principalmente no que se refere às rupturas provocadas por essas novas forças que entram em cena na produção dos modos de subjetivação. Elas pressupõem mudanças sociais e políticas as quais Negri e Hardt (2001, p. 351) assim avaliam:

> À medida que as paredes dessas instituições desmoronam, a lógica de subjetificação que operava anteriormente dentro de seus espaços limitados agora se espalha, generalizada em todo o campo social. A queda das instituições, o definhamento da sociedade civil e o declínio da sociedade

---

3 Principalmente se considerarmos as análises das últimas entrevistas de Foucault.

disciplinar envolvem uma suavização do estriamento do moderno espaço social. Aqui surgem as redes da sociedade de controle.

Assim, na contemporaneidade, novas redes de controle estão sendo articuladas e otimizam precisamente a circulação de informações em estado livre, sem necessariamente contar com a presença ou a mediação das instituições disciplinares. Essa suavização na maneira de organizar o espaço social tem como diferencial o fato de que qualquer indivíduo pode tornar-se participante ativo em sua construção ou execução, não precisando ser portador de conhecimento específico e legitimado ou fazer parte da hierarquia vigilante como componente oficial. Ou seja, também as hierarquias estão sendo suavizadas.

À medida que os conhecimentos produzidos pelas mais diversas áreas do saber são disseminados em uma rede ampla e fina da população, os membros dessa mesma população vêm sendo convocados e também capacitados para participar ativamente desse processo de reforma das instituições. Vemos, assim, a construção de um modo de subjetivação em que o indivíduo, em larga medida, sai da condição de obediente e dócil para assumir a condição de "participante ativo e responsável" em uma rede ampla e complexa de controle. Dessa maneira, independentemente do status social que ocupam na comunidade, os indivíduos são convocados a participar da instalação e da manutenção das reformas, por vezes em nome da "cidadania".

Logo, vemos crescer a importância atribuída ao cidadão comum que, mesmo não participando diretamente da dinâmica interna das instituições como um de seus membros (trabalhador ou usuário), torna-se agora responsável pela vigilância sobre a aprendizagem, a saúde e a segurança pública, para citar apenas alguns exemplos. Tudo isso ocorre ao mesmo tempo, fazendo que por vezes o indivíduo se conecte com os agentes especializados e institucionalizados, que se ocupam profissionalmente dessas práticas, e lhes ofereça informações preciosas para o exercício de um controle mais eficiente. Acreditamos que seja precisamente isso que Negri e Hardt (2001, p. 351) consideram a "suavização do estriamento do moderno espaço social". Pela emergência e expansão das redes de informação estamos nos tornando agentes de vigilância ilimitada e de controle imediato de uns sobre os outros. Além da construção dos modos de subjetivação voltados ao controle, podemos destacar ainda que as redes de informação ganharam mais eficiência e rapidez quando puderam contar com os avanços tecnológicos e científicos. Trata-se de produtos e serviços que facilitam o controle dos fluxos. Eles são diversos e vão desde os circuitos internos de TV em prédios residenciais, comerciais e públicos, incluindo os rastreadores de carros e celulares por satélite, até o acesso a imagens, pela internet, dos mais diferentes contextos em tempo real, entre muitos outros.

Com essa disseminação do controle, realizada por meio de instrumentos tecnológicos ou pela vigilância efetuada sobre o cotidiano mais íntimo da população pelos próprios indivíduos, os muros institucionais deixam de ser a condição única e indispensável para manter a suposta ordem social – como já foi anunciado por Foucault. Desse modo, o indivíduo já não transita mais de uma instituição para outra, como que obedecendo a uma sequência temporal, mas ocupa-se de várias delas ao mesmo tempo, sem necessariamente estar nelas incluído. Temos, então, um movimento no qual a educação torna-se um processo permanente; a saúde toma uma configuração preventiva; a vigilância se dissemina. É como se a rede de poder institucional se livrasse dos muros que a restringiam a determinado espaço para circular em estado livre. Deleuze (1992, p. 216) passa a falar de um "controle incessante em meio aberto", cuja ação é mais rápida e localizada, possibilitando mudanças imediatas nas mais diferentes e inusitadas situações do cotidiano.

À medida que a lógica institucional se espalha é a própria noção de indivíduo que sofre mudanças. Agora já não mais se exige dele uma identidade. Ao contrário, o indivíduo precisa

48 SONIA REGINA VARGAS MANSANO

comparecer de maneira cada vez mais variada e flexível para dar conta de realizar diferentes tarefas e assumir diferentes papéis sociais ao mesmo tempo. Negri e Hardt (2001, p. 353) descrevem a produção de uma "subjetividade híbrida", em que o indivíduo "é operário fora da fábrica, estudante fora da escola, detento fora da prisão, insano fora do asilo – tudo ao mesmo tempo. Não pertence a nenhuma identidade e pertence a todas".

Nesse novo cenário, em que a comunicação e as relações são muito mais velozes, aqueles corpos dóceis, construídos no século XVIII para respeitar, reproduzir e temer a hierarquia, tornaram-se, em larga medida, ineficientes. Vale, então, questionarmos: quais são as novas exigências que recaem sobre o corpo e os modos de subjetivação hoje? A quais dispositivos o sujeito está ligado na contemporaneidade e que tipo de existência isso implica? Deleuze (1992, p. 225) ainda diz:

> O estudo sociotécnico dos mecanismos de controle, apreendidos em sua aurora, deveria ser categorial e descrever o que já está em via de ser implantado no lugar dos meios de confinamento disciplinares, cuja crise todo mundo anuncia. Pode ser que meios antigos, tomados de empréstimo às antigas sociedades de soberania, retornem à cena, mas devidamente adaptados. O que conta é que estamos no início de alguma coisa.

É com essa perspectiva em vista que passaremos aos capítulos descritivos, nos quais buscaremos investigar algumas das composições de forças que vêm tomando forma nessa nova organização social voltada para o controle e que vêm produzindo diferentes modos de subjetivação na contemporaneidade. Para isso, buscaremos cartografar o funcionamento desse dispositivo que, segundo nosso entendimento, vem ganhando maior *visibilidade* à medida que seus procedimentos começam a ser veiculados pelos diferentes meios de comunicação. Ao mesmo tempo, investigaremos o modo como emergem, na contemporaneidade, novas formas de *enunciação* do controle, as quais possibilitam sua circulação contínua no cotidiano e fazem que a população se familiarize com seus imperativos, envolvendo-a ativamente nesse exercício. Deleuze (1996, p. 94) nos diz que cartografar essas novas forças não consiste em "predizer, mas estar atento ao desconhecido que bate à porta". Tentando acompanhar esse desconhecido, passaremos, nos próximos capítulos, a descrever situações de controle amplamente vividas no cotidiano, sendo algumas mais conhecidas e outras menos evidentes. Acompanhar cada uma delas será condição para circunscrever parte desse dispositivo.

Obviamente, as situações de controle investigadas guardavam tanto diferenças quanto ressonâncias entre si. Precisamente por esse movimento de atração e de ressonância entre as descrições elas foram agrupadas em três feixes de linhas distintos que denominam os capítulos seguintes: "Vigilância disseminada", "Controle-estimulação" e "Controle de riscos". Ao final dessa parte descritiva, o leitor terá um esboço ou uma cartografia *parcial* desse desconhecido apontado por Deleuze.

2
VIGILÂNCIA DISSEMINADA

Província de Aunay, França, junho de 1835: há quinze dias Pierre Rivière cometeu um triplo assassinato: matou a mãe, uma irmã e um irmão. Ele fugiu do local do crime, andou sem destino pelas cidades da região, dormindo ao relento e alimentando-se de ervas e pão. Em um memorial, escrito por ele mesmo, contou toda a sua história de vida, descreveu os crimes cometidos, bem como o percurso que fez até ser preso, coisa que desejou ter acontecido bem antes, esforçando-se para ser encontrado. Passadas quase duas semanas da realização do crime, ele relata:

> [...] encontrei um comerciante de Aunay que reconheci por já tê-lo visto, ele também me reconheceu e me disse: Você está aí, rapaz? Onde você vai, ah, vai ser preso, você cometeu uma má ação, meu filho, oh! Como ele é mau! Fingi não me incomodar com o que ele dizia e fui embora [...]. No dia seguinte [...] encontrei [...] Ficet, que conduzia bois e que me disse: Ah, Rivière, você vai acabar sendo preso! Pensei comigo mesmo: é isso que eu desejo, e sem responder-lhe segui meu caminho. [...] Andei o dia todo de sábado, pensava sempre que iam me prender e, enquanto isso, como não tinha quase mais dinheiro, resolvi fazer uma besta para matar passarinhos e deles me alimentar, ou para me distrair procurando matá-los, e, no caso de me prenderem com aquilo, isto seria mais útil que nocivo para o papel que desejava representar. (Foucault, 1977, p. 108-9)

Passaram-se aproximadamente trinta dias até que Rivière fosse localizado pelas autoridades policiais e preso. O que chama atenção nesse caso, analisado por Foucault e outros pensadores franceses, é a organização de uma sociedade cuja ação de vigilância é centralizada e atribuída a indivíduos especializados nessa tarefa. Qualquer outro cidadão, mesmo identificando o executor do tríplice crime e sabendo da violência que ele fora capaz de cometer, não reconhece como sua a função de tomar alguma providência ou de delatar imediatamente o criminoso. Encontramos então uma organização social na qual o indivíduo, no relacionamento com a lei e a polícia, só fornece informações caso isso seja formalmente solicitado por uma autoridade.

Mais de um século e meio depois, encontramo-nos hoje em outro contexto, no qual o tempo de impunidade vivido por Pierre Rivière após a realização do crime configura-se como aquilo que a sociedade busca eliminar ou, pelo menos, diminuir. A descontinuidade histórica evidenciada pela comparação das formas de vigilância de cada período nos leva a compreender que hoje a sociedade se organiza por meio de redes múltiplas e diversificadas. Por intermédio dessas redes torna-se possível acionar um contingente maior de indivíduos para realizar essa tarefa. Além disso, a vigilância não incide apenas sobre aquelas pessoas que porventura sejam alvo de alguma suspeita ou respondam de fato por algum ato ilegal cometido. Ao contrário, qualquer cidadão, nas mais diversas situações, pode ser tanto um agente de vigilância quanto um alvo para o qual se direciona esse tipo de procedimento.

Dessa maneira, encontramo-nos cercados por múltiplos "olhos", por vezes anônimos, que emergem ao acaso, ou por equipamentos sofisticados, com seus amplos circuitos em rede disponibilizados para facilitar o controle sobre a passagem e a ação daqueles que estão presentes nos mais diferentes espaços: estabelecimentos comerciais, públicos e culturais, condomínios residenciais, escritórios, consultórios, estradas, espaços abertos

– enfim, por onde quer que andemos estão presentes os dispositivos de vigilância.

Foucault já alertava sobre as mudanças ocorridas no que concerne aos dispositivos de poder, tornando suas intervenções mais amplas e disseminadas, além de incorporar também um revezamento de instâncias diferenciadas. E, nessas novas configurações, estão incluídas a vigilância e o controle. Em um estudo intitulado "A vida dos homens infames", ele diz:

> Dia virá em que todo esse disparate estará apagado. O poder que se exercerá no nível da vida cotidiana não mais será o de um monarca, próximo ou distante, todo-poderoso e caprichoso, fonte de toda justiça e objeto de não importa qual sedução, a um só tempo princípio político e potência mágica; ele será constituído de uma rede fina, diferenciada, contínua, na qual se alternam instituições diversas da justiça, da polícia, da medicina, da psiquiatria. E o discurso que se formará, então, não terá mais a antiga teatralidade artificial e inábil; ele se desenvolverá em uma linguagem que pretenderá ser a da observação e da neutralidade. (Foucault, 2003b, p. 219)

O filósofo esclarece que a vigilância sofreu transformações e rupturas significativas em seu modo de funcionar. Na soberania já existia uma pluralidade de olhares que eram utilizados para vigiar a vida da população. Entretanto, todos esses olhares convergiam para um único objetivo: informar o soberano sobre o modo de existência de seus súditos. Era como se todos os olhos pertencessem a um só indivíduo, o que lhe conferia um estatuto de "potência mágica".

Esse procedimento ganhou complexidade à medida que os múltiplos olhares deixaram de convergir exclusivamente para um agente centralizador do controle (o monarca), demandando, então, uma nova estratégia de poder que envolveu, inicialmente, a incorporação gradativa de diferentes profissionais, a partir de então aglutinados em diversas áreas de conhecimento, para realizar a vigilância. Tratava-se de um contingente de trabalhadores, ligados ou não ao Estado, como a polícia e os profissionais das áreas jurídica e médica, cuja intervenção passou a ser legitimada pelo estatuto de verdade atribuído ao conhecimento científico que eles representavam. Portanto, nesse ponto, a estratégia de vigilância utilizada já envolveu a incorporação de um número maior de agentes e de instituições ajudando a compor uma rede heterogênea de observação.

Mas as rupturas não pararam. Em nosso tempo histórico e, mais especificamente, nas últimas três décadas, convivemos com a pulverização da vigilância de maneira ainda mais ampla e microssocial, o que envolve a participação efetiva do indivíduo comum, presente em qualquer lugar e capaz de atuar a qualquer momento. A vigilância torna-se, portanto, um dispositivo político (e policial) por meio do qual é possível organizar a vida da população. Tal gerenciamento toma uma configuração ao mesmo tempo panóptica (ou seja, arquitetonicamente planejada para ser executada em espaços abertos ou fechados, tal qual podemos acompanhar na caracterização da sociedade disciplinar) e tecnológica (agregando instrumentos de comunicação instantâneos capazes de inspecionar áreas amplas e abertas, assim como áreas distantes, disponibilizando as informações em redes de controle).

Dessa maneira, é possível considerar que a análise feita por Foucault na obra *Vigiar e punir*, acerca dos dispositivos de vigilância presentes no interior das instituições carcerárias, em larga medida pode ser utilizada hoje em relação a domínios que vão além dos muros institucionais. Sobre o funcionamento dessas instituições, ele assinala:

> Pouco importa, consequentemente, quem exerce o poder. Um indivíduo qualquer, quase tomado ao acaso, pode fazer funcionar a máquina: na falta do diretor, sua família, os que o cercam, seus amigos, suas visitas, até seus criados. Do mesmo modo que é indiferente o motivo que o anima: a curiosidade de um indiscreto, a malícia de uma criança, o apetite de saber de um filósofo que quer percorrer esse museu da natureza humana,

> ou a maldade daqueles que têm prazer em espionar e em punir. Quanto mais numerosos esses observadores anônimos e passageiros, tanto mais aumentam para o prisioneiro o risco de ser surpreendido e a consciência inquieta de ser observado. (Foucault, 1998, p. 167)

O que surpreende em nossos dias é que essa descrição da vigilância não se restringe apenas à vida do prisioneiro. Ela estende-se também à vida de qualquer indivíduo e torna-se uma das estratégias que ajudam a compor algo maior, que são os dispositivos de controle.

Interessa-nos, neste capítulo, investigar como são vivenciadas as conexões entre as linhas de vigilância e as formas de subjetivação por elas engendradas, ou seja, investigar como se dão a vizinhança, o confronto e a combinação entre elas e como são produzidas as maneiras de se posicionar perante o mundo e de se relacionar com ele. Em outras palavras, trata-se de delinear as novas políticas de subjetivação.

Para isso, faz-se necessário primeiro considerar que há um diferencial nas formas de vigilância atuais: elas não se ocupam simplesmente do indivíduo, mas dos diversos fluxos presentes no contexto social, sendo que o indivíduo é apenas um deles. Assim, a vigilância volta-se ao conjunto dos indivíduos apenas por ocasião de sua passagem ou, mais precisamente, quando, de alguma maneira, essa passagem atrapalha determinada organização. Deleuze (1992, p. 225) diz: "O que conta não é a barreira, mas o computador que detecta a posição de cada um, lícita ou ilícita, e opera uma modulação universal". Por isso mesmo, a vigilância é muito mais precisa, atenta e dirigida apenas àquilo que coloca em risco a passagem de fluxos considerados importantes para o funcionamento da ordem social. Dessa maneira, o que os equipamentos e as pessoas fazem é detectar a presença de um problema e acionar, o mais rápido possível, os responsáveis por solucioná-lo. Mas como essa máquina funciona? Começaremos a descrever algumas situações cotidianas que servirão para dar maior visibilidade à maneira como esses dispositivos se efetuam.

Um dos planos discursivos que hoje se encontra bastante disseminado e se multiplica rapidamente em nosso cotidiano são as chamadas "palavras de ordem". Estas convocam a população ao controle de si e dos demais, à denúncia, à observação, bem como ao exercício de uma avaliação permanente que incide sobre a atividade, a aparência e o modo de vida dos outros. Em alguns casos, as palavras de ordem aparecem envoltas por um discurso que se pretende descontraído, como: "Sorria, você está sendo filmado!" Mas por quem? Para quê? Para quem? Essas são perguntas que, caso fossem elaboradas por um de seus alvos (constituindo, diga-se de passagem, grande parte da população, inclusive aqueles que são contratados para observar), dificilmente seriam respondidas. Isso nem sequer seria necessário. O objetivo dessa observação permanente é inibir ações clandestinas e indesejadas que promovam, dificultem ou interrompam a passagem de certos fluxos mediante prévio aviso. Mas esse procedimento por si só não é capaz de desencadear uma reflexão sobre as repercussões que produz na existência cotidiana, mesmo porque sua realização não depende do consentimento daquele que é filmado ou observado.

Devido à ampla disseminação, os operadores de vigilância estão se tornando corriqueiros e, por isso mesmo, a estratégia por eles utilizada vem ganhando um contorno de naturalidade que faz que as pessoas se tornem quase indiferentes à sua presença. E, se porventura os percebem, é apenas durante um período "adaptativo", que logo será esquecido ou incorporado ao cotidiano como algo comum, pouco relevante. Ou, por outro lado, só perceberão sua presença caso sejam pegas realizando ações julgadas ilegais, tendo então de responder por seus atos.

Em outro universo podemos encontrar diferentes palavras de ordem, em geral utilizadas em carros e caminhões de empresas: "Como estou dirigindo?", com um número de telefone para denúncias. Essa questão torna qualquer pessoa, em qualquer lugar do país e a qualquer tempo, um agente devidamente qualificado para denunciar (gratuita e anonimamente) o desempenho dos motoristas que trabalham nas ruas e rodovias. Nessa situação de controle difuso, a figura de um chefe responsável pela fiscalização do trabalho torna-se quase dispensável, sendo então substituída por um contingente anônimo e aleatório de observadores. Vale ressaltar que até mesmo em carros utilizados por policiais militares, que são os responsáveis institucionalizados pela vigilância, esse enunciado se faz presente. Nesse caso, aparece em outra versão: "Como estou trabalhando?"

Ainda no que se refere ao mundo do trabalho, vemos proliferarem palavras de ordem como "Visite nossa cozinha". Esse enunciado é utilizado como um diferencial de qualidade e de competitividade entre as empresas de alimentos, tornando-se suficientemente relevante para desencadear um projeto de lei instituindo o livre acesso às cozinhas de estabelecimentos comerciais. Algumas vezes tal visita é totalmente dispensável, já que a cozinha é completamente exposta ao público, separado dela apenas por paredes de vidro. Assim, a função de chefe passa de um trabalhador contratado para pessoas exteriores à dinâmica da empresa: os clientes. Edson Passeti (2002, p. 100) assinala que, nesse caso, "não há visibilidade da chefia; na sociedade de controle a chefia transcende, resguarda um toque de imaterialidade, um flash de Deus".

Assim, seja na condição de usuário de serviços, seja na de consumidor de produtos, novas atividades passaram a fazer parte do cotidiano da população: as de observador, avaliador, julgador e delator. O uso das palavras de ordem permite dimensionar quanto vivemos em um amplo circuito que incita a vigilância mútua. Segundo Deleuze (1996, p. 111), na sociedade de controle atribui-se "a qualquer um a missão de um juiz, de um justiceiro, de um policial por conta própria". E, diferentemente das formas de vigilância presentes na sociedade disciplinar, ela não exige comando centralizado nem preparo técnico dos agentes. Conta quase que exclusivamente com a adesão a esse tipo de inspeção da passagem de fluxos e da forma como o outro leva a vida no que se refere à sua relação com o trabalho, com o lazer, com outros indivíduos, social e afetivamente. Mas conta também com a produção de um modo de subjetivação que faz, por vezes, que o indivíduo se sinta convocado a agir diante de solicitações imperativas do tipo "Faça a sua parte".

Vemos instalar-se, assim, outra forma de vigilância, que deriva da atividade do governo ligada à polícia e à segurança pública, mas que agora se desprende dessas instâncias e passa a envolver também, de maneira mais direta, a comunidade. Esta última, assumindo a responsabilidade de comunicar aquilo que vê, torna-se, por sua ação delatora, um agente de poder apto a participar ativamente da rede, sendo, por vezes, culpabilizada caso não o faça.

A possibilidade de receber e utilizar informações de maneira rápida e em redes de comunicação instantânea nos coloca diante de uma transformação muito singular, presente em nosso tempo histórico, considerada por Paul Virilio uma "revolução da informação". Ele nos diz: "De fato, não se poderá compreender nada da *revolução da informação* sem perceber que ela alimenta, também, de maneira puramente cibernética, a *revolução da delação generalizada*" (1999, p. 64). Cabe aqui sinalizar que a delação só pode realizar-se quando precedida da vigilância.

Um dos efeitos dessa "revolução" pode ser encontrado nos programas televisivos que reeditam, na contemporaneidade, um antigo enunciado: "Procura-se". Esse enunciado também aparece em sites e cartazes espalhados pelas cidades, sempre acompanhados da divulgação de fotos e de números de telefone, sendo que o serviço Disque-Denúncia[1] garante o sigilo daquele que fornece

---

1 Serviço criado pela ONG Instituto São Paulo contra a Violência, em parceria com a Secretaria de Segurança Pública de São Paulo, no ano 2000. Mais informações em www. disquedenuncia.org.br.

algum tipo de informação sobre o caso investigado. Um dos grandes fomentadores do Disque-Denúncia é a própria polícia, que convoca a comunidade para auxiliá-la, tratando-a como importante aliada para a resolução dos mais variados crimes, que vão desde o resgate de sequestrados ou desaparecidos até a busca de criminosos já identificados. A participação da população torna-se fundamental nesse tipo de investigação e muitos crimes são desvendados por intermédio das informações precisas que geralmente vêm dessa fonte.

As ligações relatando suspeitas sobre a existência de cativeiros feitas para o serviço Disque-Denúncia do estado de São Paulo foram recordes no ano de 2003. Por meio das informações recebidas foi possível resgatar catorze vítimas de sequestro no referido ano ("Ônibus deverão fixar telefone em vidros", 2003). Vemos, assim, que polícia e comunidade articulam-se no que diz respeito à ação de vigiar. Mediante os resultados dessa parceria foi aprovada em abril de 2003, na cidade de São Paulo, a Lei n. 13.481, segundo a qual os ônibus urbanos devem circular com cartazes informando a população sobre o número do Disque-Denúncia e sobre a garantia de sigilo quanto a quem fornece as informações.

Outras formas de promover as denúncias, estreitando o vínculo entre população e polícia, também vêm sendo utilizadas em diferentes partes do país. No Rio Grande do Sul foi dado um passo adiante para a disseminação das formas de controle. Na cidade de Novo Hamburgo[2] foi criado o programa Vigilância Solidária – Todos Protegendo Todos. Com essa iniciativa, os 169 taxistas que trabalham na cidade tiveram seus carros equipados com radiocomunicadores, por intermédio dos quais eles podem entrar em contato direto com a Brigada Militar, caso presenciem algum tipo de delito ou situação suspeita. Tais trabalhadores tor-

---

2 Localizada no Vale do Rio dos Sinos, com aproximadamente 240 mil habitantes.

naram-se "arapongas a serviço da polícia"[3] e ajudam a formar uma rede de "olhares" extremamente ampla e eficiente, visto que eles circulam por trajetos sempre aleatórios (Gerchmann, 2004).

Na Amazônia, a Fundação Nacional do Índio (Funai) utiliza-se de procedimento parecido, apesar de recorrer a outra tecnologia. Trata-se do Sistema de Segurança da Amazônia (Sivam). Nesse caso, "uma rede de telefones via satélite tem permitido que índios de áreas remotas da Amazônia falem entre si e informem à Polícia Federal crimes ocorridos em seus territórios" (Brasil, 2003). Segundo afirmação do delegado regional da Polícia Federal do Amazonas, "os índios estão onde nós não estamos, eles são nossos olhos" (Brasil, 2003). Por meio dessa troca de informações é possível detectar crimes contra o meio ambiente, a realização de pesquisas sem autorização do Governo Federal, o comércio ilegal de plantas, animais e drogas, além de servir como um instrumento que possibilita o contato dessa população com áreas mais desenvolvidas e urbanizadas.

Nas três descrições anteriores vemos funcionar formas de controle que, segundo Deleuze (1992, p. 220), reportando-se às análises de Paul Virilio, são realizadas "ao ar livre" e visam a monitorar o fluxo de pessoas e de suas ações no momento presente, ou seja, no momento em que o fato está ocorrendo. Por outro lado, aquilo que existe como possibilidade também pode, em certa medida, ser incluído nas estratégias de controle. Nesse caso, o indivíduo torna-se mais sensível para observar detalhes de ações e de situações que se passam ao seu redor. Assim, dependendo da qualidade e da velocidade com que esses detalhes são observados, é possível, pela delação, prevenir situações indesejadas.

Entretanto, mesmo denominando essas estratégias de controle com palavras que resgatam a ideia de uma vida pública, como "vigilância solidária", "cidadania" e "comunidade", o que

---

3 O termo "araponga", cabe considerar, é uma gíria que denomina o agente de segurança à paisana.

vemos é uma tendência ao enfraquecimento e ao esvaziamento acelerado da experiência compartilhada. O sujeito vigilante e delator imprime nas relações cotidianas um modo de lidar com a existência e com o mundo atravessado pelo medo e pela desconfiança. O medo configura-se assim como um componente fundamental da produção de subjetividade na sociedade de controle. Uma sociedade amedrontada é capaz de aderir mais facilmente às formas de controle e de assumi-las sistematicamente no cotidiano. Recente estudo realizado pelo norte-americano Barry Glassner (2003) sobre o que chamou de "cultura do medo" mostra precisamente como se dá essa adesão. Tendo como norteadora de suas pesquisas a questão "Por que tememos cada vez mais o que deveríamos temer cada vez menos?", Glassner descreve situações cotidianas em que o risco e o medo são superdimensionados. Obviamente, diversos segmentos de mercado já detectaram essa tendência psicossocial ligada ao medo e oferecem os mais diferentes tipos de serviços e equipamentos voltados para a prevenção e a conservação da vida.

Nessa direção, outras pesquisas ganham destaque. É o caso dos estudos realizados na Grã-Bretanha, que vêm desenvolvendo um dispositivo tecnológico pelo qual satélites são utilizados para monitorar o deslocamento espacial de condenados, os quais podem, dessa maneira, cumprir sua pena fora das prisões, como se estivessem em uma prisão a céu aberto. Em uma matéria publicada pela BBC, podemos constatar que os britânicos estão realizando estudos acerca da utilização de um monitoramento específico para criminosos reincidentes capaz de localizá-los no espaço:

> O monitoramento seria feito com o uso da tecnologia GPS (sistema global de posicionamento), que permitiria às autoridades determinar a posição exata dos criminosos. O sistema seria utilizado para impor áreas de exclusão a determinados criminosos – inclusive pedófilos, que seriam impedidos de se aproximar de escolas, e ladrões responsáveis por muitos roubos. O monitoramento também poderia ser adotado como punição

a pessoas condenadas por crimes menores, agindo como uma espécie de "prisão sem grades". ("Grã-Bretanha usará satélite para combater crime", 2004)

No Brasil, a utilização dessa tecnologia também vem sendo discutida. Entretanto, do ponto de vista da legislação brasileira, o uso do "bracelete eletrônico propõe diversas dúvidas a partir do texto constitucional, no qual vem rigorosamente imposto o respeito à dignidade do condenado" (Ceneviva, 2003). Além disso, seu custo está muito além das possibilidades econômicas do sistema público de segurança. Enquanto isso não se torna um empreendimento viável para o contexto brasileiro, a tecnologia e a delação continuam avançando por outras vias, no intuito de envolver cada vez mais o cidadão comum nas redes de vigilância.

Virilio nos fala, então, sobre uma "televigilância" por meio da qual não só é possível vigiar e denunciar criminosos, como vimos anteriormente, mas também observar a vida de pessoas comuns e de trabalhadores, podendo até mesmo participar de seu cotidiano, valendo-se de opiniões e conselhos. Ele diz que nesse tipo de ação, caracterizada por voyeurismo, "a televigilância adquire um novo sentido: não se trata mais de se prevenir contra uma intrusão criminosa, mas de partilhar suas angústias, seus fantasmas, com toda uma rede, graças à superexposição de um lugar de vida" (Virilio, 1999, p. 61). É o caso de pessoas que exibem seu cotidiano mais privado, utilizando-se de câmeras espalhadas pela casa, cujas imagens encontram-se disponíveis na internet em tempo real. Ou, na vertente comercial das TVs abertas, dos *reality shows*. Sobre o primeiro caso, Virilio relata o seguinte exemplo:

> Para lutar contra os fantasmas que pareciam persegui-la, uma americana de 25 anos, June Houston, acaba de instalar em sua residência catorze câmeras que controlam permanentemente os lugares estratégicos: sob a cama, no porão, diante da porta etc. Como cada uma dessas *live cams*

62 SONIA REGINA VARGAS MANSANO

> deve transmitir *visões* em um *site* da *web*, os visitantes que entram nesse site se tornam assim "vigias de espectros" – *ghost watchers*. Uma janela de diálogo permite enviar pela *internet* uma mensagem de alerta à jovem mulher caso um "ectoplasma" qualquer venha a se manifestar. "É como se os internautas se tornassem vizinhos, testemunhas do que acontece comigo", declara June Houston. (Virilio, 1999, p. 61)

Percebe-se que a antiga cisão entre a vida pública e a vida privada, amplamente estudada por Richard Sennett (1998), realizada como forma de preservar a intimidade e confiná-la no núcleo familiar, cede espaço à superexposição da vida íntima. A existência privada é colocada à disposição de um contingente amplo de pessoas desconhecidas que, além de observar atitudes do dia a dia, podem dar sua opinião, fazer avaliações e participar da dinâmica da casa por intermédio da internet. Encontra-se aí uma forma de vigilância que não só é consentida e desejada como, para alguns de seus usuários, torna-se ainda um "divertimento" (Bentes, 2003). Mas, também aqui, não é uma experiência da vida pública que se configura. A exposição da intimidade toma contornos espetaculares e, por isso mesmo, não necessariamente leva ao encontro presencial e seus desdobramentos afetivos.

Cria-se, assim, uma espécie de proteção seletiva dos encontros ao mesmo tempo que se abre espaço para a proliferação de julgamentos e avaliações parciais desconectados da experiência vivida. À medida que as possibilidades de contatos e conexões com diferentes realidades sociais crescem, assistimos também a uma diminuição dos encontros e a uma precarização da vida pública, na qual o sujeito comparece como mero espectador, observador e, em alguns casos, julgador. É claro que todo esse movimento ajuda a criar outras formas de expressão para os afetos e outras maneiras de se relacionar com o mundo, mas, sobre elas e sobre suas repercussões na existência, ainda sabemos pouco.

O uso da televigilância não se restringe a um contingente de pessoas que espontaneamente decidem expor sua vida privada.

Encontramos uma prática presente principalmente nas institui-ções escolares e educacionais que se utiliza da aceleração e da inovação técnico-científica para oferecer serviços diferenciados aos clientes. Um desses diferenciais consiste no uso de circuitos internos de câmeras que filmam o cotidiano das crianças e cujas imagens podem ser acessadas pelos pais ou responsáveis on-line, a qualquer momento, por meio de uma senha. Esse é o caso de uma creche da cidade de São Paulo, o qual foi divulgado pela imprensa. Nela, "os pais recebem uma senha para 'entrar' no ber-çário na hora em que quiserem para vigiar o filho – e, por tabela, as demais crianças –, graças às oito câmeras espalhadas no local" (Oliveira, 2003). Com a adoção desse procedimento, todo o cui-dado recebido pela criança por parte do profissional responsável pode ser monitorado pelos pais.

Segundo o depoimento de uma das mães que contrata os ser-viços da referida creche, "a necessidade de olhar pelo buraco da fechadura on-line não passa de curiosidade – e não desconfiança ou controle obsessivo" (Oliveira, 2003). Podemos encontrar nesse depoimento uma das principais estratégias para a efetuação dos dispositivos de controle que se utilizam da vigilância. Graças a ela, os usuários não reconhecem que sua ação é de policia-mento. As justificativas utilizadas são de outra ordem e, de certa maneira, buscam manter uma distância em relação a esse papel. Ocorre, assim, a naturalização e a suavização das formas de con-trole, pois a ação de vigiar já faz parte desse modo de subjetiva-ção no qual o sujeito é incitado a olhar. E sua ação é justificada pela curiosidade, pela segurança, pelo medo de maus-tratos, ou mesmo por saudade.

A suavização e a naturalização da vigilância são ainda mais efetivas quando introduzidas desde cedo no processo educacio-nal. Novas formas de controle podem ser encontradas nas políti-cas e nos programas institucionais de educação de crianças e jovens apresentados pelas escolas. Existe aí um campo ampla-mente difundido, de acordo com o qual as crianças são educadas para atuar como vetores que promovem a vigilância da forma de vida construída pelos adultos. Trata-se dos mais diferentes programas educacionais, envolvendo a prevenção contra o uso de drogas, os cuidados com a saúde, a educação sexual e até programas de educação para o trânsito.

Nesse sentido, vale ressaltar que a construção do modo de vida da família burguesa, centrada na figura da mãe como a responsável pela transmissão de valores para as crianças no interior do núcleo familiar, em certa medida tornou-se obsoleta. A criança ganhou importância e passou a ser um agente estratégico de controle. Cada vez mais cedo ela começa a frequentar outros contextos sociais, como a escola ou a creche, e, de certa maneira, vive um distanciamento maior da família. Assim, ela acaba por receber dessas instituições, bem como das outras que estão à sua disposição (como a instituição médica, a policial, a religiosa, a jurídica), uma série de valores que lhe dá condições de monitorar a vida dos pais. Elas tornam-se, dessa forma, vetores de controle que vigiam a existência dos adultos. E sua preparação para exercer essa atividade vem de fora do núcleo familiar. Vemos as crianças sendo cada vez mais incitadas a exercer o papel de pequeno julgador, pequeno policial, que aponta, corrige, avalia, denuncia e, por vezes, exige dos pais atitudes mais adequadas em relação àquilo que ela aprendeu, na escola, como regra de conduta moral.

Como vimos no Capítulo 1, à medida que caem os muros institucionais que ajudavam a circunscrever os limites de intervenção de cada instituição, aquela dimensão específica da existência, da qual cada uma delas se ocupava, se espalha e se generaliza no campo social. Com essa disseminação vemos crescer a dificuldade que algumas instituições apresentam para lidar com esse novo cenário. Com isso, ambas as situações que vimos anteriormente – aquela que possibilita o acesso à imagem dos filhos pela internet e a entrada da escola no cotidiano dos pais por meio de valores e julgamentos disseminados pelos filhos – possibilitam assinalar uma transformação quanto à função assumida pelas instituições no que se refere às práticas educacionais. Nesse movimento, tanto a família quanto a escola encontram dificuldade para definir os limites de sua intervenção. E, no momento em que essa dificuldade se evidencia, ambas explicitam à comunidade em geral sua inabilidade para lidar com as novas formas de subjetivação que já se ensaiam desde a infância.

Quando as intervenções conhecidas sofrem esse esgotamento, a fragilidade das instituições torna-se mais evidente e, em muitos casos, recorre-se à polícia na busca de soluções para problemas como abuso de drogas e violência. Assim, devido à crescente demanda dos últimos anos, muitos estados brasileiros passaram a oferecer um serviço específico de patrulha escolar[4]. O crescimento das solicitações envolvendo esse tipo de intervenção reforça ainda mais a lógica da vigilância. Família, escola e polícia formam dessa maneira um *continuum* gradual, no qual já não se sabe mais onde termina a intervenção de uma e começa a da outra. No entanto, uma mesma atividade faz-se presente em todas elas: a vigilância disseminada, dirigida para o fluxo de pessoas e para ações e objetos que, segundo sua óptica, colocam em risco a manutenção da ordem estabelecida.

Em algumas escolas da cidade de São Paulo, as providências tomadas vão além da presença da polícia e envolvem a contratação de serviços de segurança prestados pela iniciativa privada. Estes se ocupam tanto da preservação do patrimônio e do espaço físico quanto da segurança dos alunos, pais e funcionários, viabilizando:

> [...] cuidados com a chegada e a saída dos estudantes, a instalação de câmeras de vídeo voltadas para a rua e a contratação de empresas de segurança para vigiar não só as entradas, mas também os quarteirões

---

4 Informações sobre isso podem ser encontradas em www8.pr.gov.br/portals/portal/patrulhaescolar/index.php.

vizinhos. Algumas chegam até mesmo a ter sua frota de ônibus rastreada por satélite. (Silva, 2002)

A abrangência da televigilância é crescente. E, como vimos até agora, ela não serve apenas para delatar suspeitos de algum crime, mas também para delatar amigos, conhecidos, familiares, trabalhadores ou pessoas anônimas com as quais não se tem nenhum tipo de vínculo. Virilio (2000, p. 32) assinala:

> Depois da delação verbal, do boato, do uso de informantes ou da espionagem tradicional, chegamos à fase da *delação óptica*, esse tempo real de uma grande óptica PANÓPTICA capaz não apenas de vigiar os movimentos *inimigos*, mas igualmente o dos amigos, graças ao controle da opinião pública.

Quando a vigilância se dissemina e passa a ser vastamente discutida pela opinião pública, as repercussões são ainda mais abrangentes, visto que a demanda por julgamentos generaliza-se rapidamente no campo social. E, nesse sentido, a mídia possui uma responsabilidade bastante ampla, pois, dependendo da maneira como veicula as notícias, é capaz de desencadear mudanças significativas no cotidiano de indivíduos, bairros, em classes profissionais ou mesmo na política de um país, controlando a imagem de autoridades, pessoas comuns e acontecimentos por meio dos julgamentos operados e veiculados por ela mesma.

O monitoramento da vida do outro torna-se ainda mais eficaz quando acrescido de uma tecnologia que possibilite a delação em tempo real. Nesse sentido, vemos crescer a cada dia o uso generalizado de aparelhos celulares[5], que, em diferentes ocasiões, funcionam como uma espécie de "coleira eletrônica" (Deleuze, 1992, p. 224). O celular é utilizado como instrumento auxiliar de

---

5 Segundo dados publicados no jornal *Folha de S.Paulo* (Motomura, 2003), o Brasil possui "35,9 milhões de aparelhos, dos quais 9,4 milhões estão no Estado de São Paulo".

controle sendo altamente eficaz, pois pode ser acionado aleatoriamente, em qualquer tempo ou espaço, por qualquer pessoa.

Tornando-se uma mercadoria cada vez mais acessível, os celulares são absorvidos por um leque diferenciado e múltiplo de usuários, fato que indica o potencial ilimitado presente nessa forma de controle. Trata-se de uma tecnologia que não para de avançar e que, além da linguagem falada, incorpora também a linguagem escrita, a transmissão de imagens e, desde o ano de 2003 (no Brasil), o serviço de localização geográfica de seu portador, via satélite (Varga, 2002). Com isso, o celular ganha mais funções e gera mais demanda entre os usuários. Mas não se trata de simples demanda, pois a função que se atribui a essa tecnologia é diversificada e abre espaço para a emergência de novos e inusitados procedimentos de controle ou formas de resistência a eles.

Os agentes que ajudam a compor essa rede fina de controle, em vez de serem incluídos por uma intervenção mais autoritária, vão aos poucos incorporando essa atividade por meio dos discursos, das práticas, do uso do olhar, das facilidades tecnológicas, da produção de novas leis e valores, atribuindo a esse conjunto de estratégias a crença de que elas são indispensáveis para garantir a sobrevivência. Deleuze (1992, p. 216) já dizia:

> Face às formas próximas de um controle incessante em meio aberto, é possível que os confinamentos mais duros nos pareçam pertencer a um passado delicioso e benevolente. A pesquisa sobre os "universais da comunicação" tem razões de sobra para nos dar arrepios.

Nessa dinâmica veloz de expansão das novas tecnologias de vigilância, temos ainda aquela dimensão do controle em que ele é realizado sem que os vigiados, ou seja, grande parte dos cidadãos, saibam disso. Sobre esse fato, Danilo Zolo (*apud* Negri, 2003, p. 38), referindo-se a Thomas Mathiesen, afirma: "Estamos passando do Estado 'panóptico' ao Estado 'sinóptico', graças às imensas potencialidades de controle oferecidas pelas novas tecnologias e pelos bancos de dados eletrônicos que se constituem sem que os cidadãos saibam". Diante desse estado sinóptico, ou seja, da capacidade de produzir sínteses rápidas, que promovem o processamento e o tratamento instantâneo de dados, ainda não temos noção, sequer aproximada, da potência de mudança que os processos de comunicação e de informação têm colocado em curso.

Além disso, como consumidores ainda pouco familiarizados com essa potência tecnológica, fornecemos continuamente novos dados que, por sua vez, poderão ser utilizados para gerar ainda mais informações e novas possibilidades de expansão dos mercados. Atendo-se a isso, Laymert Garcia dos Santos (2003, p. 136) diz: "Trata-se do cruzamento e processamento dos dados que cada um de nós gera ao entrar, sair e transitar nos diversos sistemas informatizados e nas diversas redes que compõem a vida social contemporânea". Quanto mais sofisticados e mais numerosos forem esses instrumentos, maiores também serão as possibilidades de cruzamento dos dados acumulados, fato que aumenta as alternativas de vigilância, abrindo um horizonte de possibilidades em grande parte ainda inexplorado.

Da mesma maneira que a televigilância se espalha pelo tecido social valendo-se de uma adesão significativa por parte da comunidade, vemos proliferar uma desconfiança generalizada entre a população que vai para as mais diferentes direções, englobando desde aquele sujeito que é aparentemente mais suspeito até aquele que é tido como correto em suas ações. Vive-se tal estado de insegurança a ponto de a confiabilidade e a consistência dos encontros serem deixadas em suspenso, abrindo mais espaço para a emergência de uma desconfiança generalizada que, por sua vez, deixa o indivíduo permanentemente em alerta em relação aos sinais de perigo. Com isso, aumenta também a necessidade de detectar onde está e como age o clandestino, o fora-da-lei, que não só desorganiza a passagem dos fluxos no campo social como promove circulações ilegais, valendo-se também dos dispositivos de controle.

Assim, vemos alastrar-se um grau de persecutoriedade tal que faz que, na sociedade de controle, em diversas ocasiões, o cidadão tenha dificuldade de reconhecer e elaborar fatos que simplesmente acontecem ao acaso. Essa dificuldade tem uma ligação direta com alguns valores apregoados pelo capitalismo tardio, como a necessidade de estar permanentemente atento aos diferentes sinais de perigo que possam colocar em risco a manutenção dos bens, a estabilidade profissional e a própria sobrevivência. O retraimento em relação ao desconhecido (avaliado como perigoso) toma dimensões tais que, para evitá-lo, são construídos pequenos mundos isolados ou pequenas fortalezas cercadas de muralhas protegidas por agentes especializados e tecnologias avançadas. Sobre essa vigilância localizada e participativa, Foucault (2003c, p. 307) alerta: "O controle contínuo dos indivíduos conduz a uma ampliação do saber sobre eles, que produz hábitos de vida refinados e superiores. Se o mundo está a ponto de se tornar uma espécie de prisão, é para satisfazer as exigências humanas".

Nesse cenário, em que tanto o sujeito quanto as instituições, que até bem pouco tempo serviam como referência de sociabilidade e segurança, estão enfraquecidos, as sensações de solidão e impotência acabam sendo em larga medida inevitáveis, podendo aumentar a necessidade de adesão aos dispositivos de controle. Por outro lado, assim como cada um é convocado a ser um vigilante atento, em tempo integral, da vida do outro, essa mesma atenção precisa estar permanentemente acionada para garantir certo nível de proteção contra a delação de si mesmo, que pode ser operada por qualquer um. Virilio (1999, p. 106) nos diz que a "revolução da informação revela-se como uma *delação sistemática* que provoca um fenômeno-pânico de boatos, suspeitas". E, nesse sentido, a seleção e até a inviabilização de certos encontros retroalimentam ainda mais a intolerância e a delação.

Esse estado de suspeita, acionado pela delação, faz-se presente, entre outros contextos, nas situações de trabalho. Sobre as maneiras de aumentar a visibilidade no contexto laboral, Sennett fala de um conceito que é muito utilizado pela arquitetura: a ideia de uma parede permeável[6]. Esta, além de romper as barreiras visuais em relação ao espaço externo dos prédios, permite a supressão das paredes divisórias presentes no interior dos escritórios. Sennett (1998, p. 29) relata que, segundo os arquitetos, a destruição das paredes "melhora o desempenho dos escritórios, pois, quando as pessoas se encontram durante todo o dia expostas visualmente umas às outras, é menos provável que haja lugar para conversinhas e mexericos e mais provável que tenham uma atitude reservada". Diante de um clima de suspeita, acrescido de um espaço físico planejado de tal forma que incite a observação, ou seja, um espaço onde "todos estão se vigiando mutuamente", o autor mostra que há uma diminuição nos contatos sociais, de maneira que "o silêncio é a única forma de proteção". Podemos dizer, ainda, que quanto mais se recorre a essa forma de proteção – o silêncio –, mais se cria distanciamento, enfraquecendo assim as possibilidades de uma vida pública, compartilhada.

Até agora falamos de discursos e imagens, mas o dispositivo de controle vigilante é bem mais amplo e múltiplo, envolvendo também aquilo que não necessariamente passa pelo discurso, ou seja, o não-dito. Claro que essa forma de controle é muito mais sutil, difícil de perceber e de descrever, mas nem por isso pouco conhecida, visto que é utilizada há muito tempo. Trata-se de práticas cotidianas de controle quase invisíveis que atentam para o corpo do outro, para sua aparência, sua conduta. Elas são exercidas por um simples olhar, por um mínimo gesto ou por uma postura que serve para inibir ações, excluir pessoas indesejadas ou possibilitar a aproximação de outras, cobrar atitudes e posições certeiras, criar fronteiras entre os corpos e, em certos casos, garantir sua privatização.

---

6 Essa mesma noção está presente nas empresas que trabalham com alimentação, cuja cozinha é visivelmente acessível aos clientes, conforme vimos no início deste capítulo.

Tal controle gera os mais diversos julgamentos morais, que recaem sobre as sutilezas presentes no jeito de se portar, de falar, na escolha dos lugares a serem frequentados, dos amigos com os quais se conviverá, dos valores que serão compartilhados, na tomada de decisões pessoais, enfim, sobre uma ampla variedade de situações cotidianas. Trata-se aqui de exercer uma forma diferenciada de poder, microssocial, íntima e de difícil percepção. Ou, em outras palavras, uma forma de ocupar-se da vida do outro, fazendo da avaliação moral um critério capaz de circunscrever um circuito privado de relações que rejeita ou tolera mal a presença de estranhos.

Pudemos acompanhar, no decorrer deste capítulo, um recorte descritivo das estratégias utilizadas para colocar em ação os dispositivos de controle que facilitam a vigilância e penetram nas dimensões mais cotidianas da existência. Com as invenções tecnológicas, podemos considerar que há uma produção de novos modos de subjetivação voltados para o controle, os quais, em nosso tempo histórico, incorporam, de maneira desejante, as ações de delatar, monitorar, inspecionar, vigiar e avaliar a própria vida, bem como a vida daqueles com os quais se convive. Com essas ações, vemos proliferarem também o medo, a insegurança, a sensação de impotência e a desconfiança, que atravessam, nos planos macro e microssocial, a vida mais íntima da população. As implicações dessa produção serão discutidas mais adiante.

Por ora, vale ressaltar que, em larga medida, esse modo de subjetivação se afirma por meio da incitação, da estimulação e da adesão à vigilância nos mais variados contextos e com os mais diversos objetivos. Seguindo nessa direção passaremos, no próximo capítulo, a analisar e descrever um outro feixe de linhas, denominado controle-estimulação. Poderemos ver que ele mantém uma conexão direta com a vigilância, em uma vizinhança na qual se torna difícil estabelecer uma fronteira, um limite.

3

CONTROLE-ESTIMULAÇÃO

Se durante um breve passeio pelo centro de uma cidade qualquer voltarmos a atenção para os cartazes e outdoors ao redor, encontraremos uma amostra dos mais variados convites para experimentar mercadorias e serviços. As campanhas publicitárias estimulam o consumo de tal maneira que fica quase impossível não percebê-las. Mas como elas conseguem estabelecer essa relação magnética que mobiliza o sonho e as aspirações de indivíduos tão diferentes? É justamente isso que procuraremos descrever neste capítulo, que se ocupará de outro feixe de linhas dos dispositivos de controle que atuam na contemporaneidade: o controle-estimulação.

Estamos diante de um segmento desses dispositivos que, em nosso entendimento, funciona ao ligar o sujeito a planos discursivos tidos como verdadeiros, os quais, por sua vez, ajudam a construir "modos de vida" sempre variáveis. Antes, porém, vamos nos ater, por um breve momento, ao modo como esses planos discursivos são engendrados no cotidiano e como eles produzem efeitos na vida da população.

Na entrevista intitulada "Verdade e poder", Foucault (1996c, p. 12) diz que cada "sociedade tem seu regime de verdade, sua 'política geral' de verdade: isto é, os tipos de discurso que ela acolhe e faz funcionar como verdadeiros". Cada um desses discursos colabora para a produção de alguns "efeitos de verdade" (p. 7), que fazem que o sujeito assuma a tarefa de mostrar para si e para o outro "quem ele é".

Nos dias de hoje, é possível observar que uma resposta recorrente para essa questão pode ser encontrada no crescente apelo ao consumo. É como se a posse de bens e mercadorias ajudasse a dizer algo sobre o sujeito, ligando-o a uma referência identitária, circunscrevendo os espaços que ele pode ou não frequentar, bem como definindo seu status perante os outros.

A busca de uma verdade sobre si mesmo, que seria supostamente alcançada pela aquisição das mercadorias ou pelo acesso aos serviços, envolve uma tarefa exaustiva e infinita, visto que as ofertas são frequentemente renovadas em um mercado dinâmico que, a cada momento, promete algo novo. Nesse cenário, as mercadorias são projetadas para serem rapidamente substituídas por novos "produtos, modas mutáveis e inovações tecnológicas" (Lasch, 1987, p. 22).

Mas como isso funciona? Atualmente, colocar um produto em circulação no mercado não depende apenas da sua produção material. Uma série de outros investimentos é feita para que cada mercadoria seja eleita como "a preferida" do consumidor, e, para isso, entra em cena a "indústria do marketing", que passou a ocupar papel central em nossa sociedade. Deleuze (1992, p. 223-4) explica que hoje o capitalismo já não é mais "dirigido para a produção, mas para o produto, isto é, para a venda ou para o mercado. Por isso ele é essencialmente dispersivo, e a fábrica cedeu lugar à empresa". Diante desse deslocamento, a produção material não ocupa mais o centro das negociações financeiras. A ela foi acrescido um conjunto de novas atividades voltadas para a pesquisa e a análise de informações sobre a vida cotidiana, os costumes e as crenças dos consumidores. Isso pressupõe outro tipo de trabalho, que é majoritariamente imaterial, pois envolve, o tempo todo, a produção de imagens, signos e enunciados que são extraídos da vida cotidiana dos consumidores e remetidos de volta a eles na forma de peças publicitárias.

Aprofundando-se nessa investigação, Maurizio Lazzarato (2004) esclarece que nesse novo cenário econômico as empresas têm se empenhado em "criar mundos" que sirvam de suporte para a comercialização das mercadorias. A produção desses "mundos" não envolve uma atividade simples. Ela depende de uma ampla investigação sobre as formas de vida que são compartilhadas em determinado contexto e principalmente sobre aquelas criações que acontecem no cotidiano e que têm como autores indivíduos ou grupos anônimos.

Como o sujeito se inscreve nesse empreendimento econômico? Ele participa ativamente da criação desses mundos e das mercadorias em seu cotidiano cada vez que atende às solicitações que lhe são feitas para que expresse seus desejos, expectativas e frustrações. Diversos canais de comunicação, como o Serviço de Atendimento ao Cliente (SAC), são disponibilizados para que o consumidor tenha acesso direto às empresas e, por intermédio deles, possa esclarecer suas dúvidas, fazer reclamações e dar sugestões. Na maioria dos casos, essas informações recebem um tratamento diferencial e são interpretadas como índice da adesão ou da rejeição do cliente à empresa e aos produtos por ela comercializados.

Deleuze (1992, p. 217) é bastante incisivo quando considera que "Talvez a fala, a comunicação estejam apodrecidas. Estão inteiramente penetradas pelo dinheiro". Diante disso, a expressão de desejos e opiniões funciona como uma espécie de matéria-prima para quem se ocupa deles mercadologicamente, utilizando-os como referência para decidir o que produzir e como estimular o consumo.

Temos, então, uma produção complexa que é iniciada com as pesquisas, segue com as produções material e imaterial (agora indissociáveis) e culmina na adesão do consumidor ao produto e ao mundo que foi criado para facilitar sua aceitação. Assim, junto com as mercadorias são comercializadas também "formas de vida" que veiculam aquilo que, segundo a opinião dos clientes, é valorado positivamente, como as imagens de independência e liberdade, glamour e beleza, afetividade e emoções diversas, vitórias e conquistas. Tais signos e imagens, justamente por seu caráter idealizado, são amplamente desejados nesse tempo histórico.

Percebe-se que um novo segmento do mercado sobressai na economia capitalista e cumpre sua função ao estimular o consumo de "modos de viver" e "estilos de vida" agregados às mercadorias. Guattari (Guattari e Rolnik, 1996, p. 32) afirma, então, que atualmente o sujeito "*se encontra na posição de consumidor de subjetividade*. Ele consome sistemas de representação, de sensibilidade". Acreditando e apostando nesse novo consumidor, o marketing assumiu um lugar de destaque na economia capitalista. Analisar como ele vem participando da produção de subjetividades é algo de extrema importância para a compreensão do controle-estimulação. Atento a isso, Deleuze (1992, p. 224) destaca que o "marketing é agora o instrumento de controle social, e forma a raça impudente de nossos senhores" – senhores impudentes por tomarem para si a autoria de criações que são coletivas visando exclusivamente ao lucro das empresas. Durante a produção das mercadorias e das campanhas publicitárias, o sujeito é praticamente expropriado de sua criação. Tanto que, quando entra em contato com a mercadoria, à qual de diferentes maneiras também ajudou a dar forma, ele mostra-se surpreso com a "novidade" e tende a agir como um consumidor encantado.

É assim que o controle-estimulação pode ser compreendido. Ele aparece na forma de imperativos que se multiplicam a cada dia: "Consuma!", "Acesse!", "Coma!", "Cuide-se!" Cada um desses enunciados só produz efeitos na população quando vem acompanhado de uma promessa explícita ou implícita: "Ao fazer isso, sua vida será bem melhor!" Dessa maneira, estamos diante de um empreendimento complexo, realizado em grande parte pelo marketing e pelos meios de comunicação que estimulam e ao mesmo tempo monitoram a participação do sujeito tanto na esfera da produção quanto na do consumo. Uma vez inserido nesse circuito (de produção e consumo), o sujeito tende a ocupar sua existência com atividades que reproduzam a lógica do capital: o acúmulo de bens e o acesso a certas comodidades.

Essa forma de controle se vale de uma investigação minuciosa que percorre diferentes domínios da existência, incorporando-os em seus cálculos, domínios estes que podem ir dos genes até o psiquismo. Pode-se dizer, assim, que o controle-estimulação se articula na interface entre a produção de um discurso de verdade sobre si mesmo, a produção de mundos idealizados e a circulação de mercadorias.

Entretanto, o controle-estimulação, amplamente veiculado pelos meios de comunicação e pela publicidade, não se restringe a esses elementos. Em larga medida, ele se desprendeu desses veículos e passou a circular em estado livre, ganhando voz na fala dos sujeitos. Com isso, cada um incita os demais, atuando para avaliar, estimular e até cobrar maior adesão ao consumo, fazendo que se cumpra aquilo que os imperativos ditam. Trata-se aqui de incitações com contornos mais sutis e microssociais, que se difundem e atingem uma parcela expressiva da população.

Quanto a esse cenário de consumo, Paulo Roberto de Carvalho (1998, p. 215) afirma: "O capital passa a ocupar o *locus* da divindade. E isto não poderia ocorrer sem que ele, o capital, se revestisse de uma idealização. Nasce assim a mais nova divindade contemporânea". Esse novo "deus", extraindo da vida cotidiana sua potência de criação, faz dela uma fonte de riquezas que é sobrecodificada pelo capital. Assim, estamos diante de um sujeito que não é mais necessariamente marcado pela disciplina, mas pelos signos, imagens e imperativos publicitários, por meio dos quais ele se inscreve no universo das mercadorias, acreditando ser possível "comprar" afeto, bem-estar, autoestima, respeitabilidade, enfim, atributos que em outros tempos históricos eram acessíveis por meios distintos, como os laços sociais, por exemplo.

É partindo dessa perspectiva que descreveremos algumas situações cotidianas nas quais o controle-estimulação ganha maior visibilidade. Como as incitações se desdobram em diferentes direções, aqui serão abordadas parcialmente aquelas que se fazem presentes na sexualidade, na busca da beleza, na formação permanente para o trabalho, no turismo e na segurança. Mas vale ressaltar que tais descrições não esgotam a ação multifacetada desse feixe de linhas.

Primeiro, vejamos como esse movimento acontece no que diz respeito ao corpo e ao sexo. Na entrevista intitulada "Poder – corpo", Foucault dá um exemplo muito preciso da maneira como o controle e a vigilância da sexualidade tornaram-se indissociáveis da intensificação dos desejos do sujeito em relação ao próprio corpo. E é nessa análise que ele introduz a noção de um controle que se efetua por estimulação:

> O corpo se tornou aquilo que está em jogo numa luta entre os filhos e os pais, entre a criança e as instâncias de controle. A revolta do corpo sexual é o contra-efeito desta ofensiva. Como é que o poder responde? Através de uma exploração econômica (e talvez ideológica) da erotização, desde os produtos para bronzear até os filmes pornográficos... Como resposta à revolta do corpo, encontramos um novo investimento que não tem mais a forma de controle-repressão, mas de controle-estimulação: "Fique nu... mas seja magro, bonito, bronzeado!". A cada movimento de um dos dois adversários corresponde o movimento do outro. (Foucault, 1996a, p. 147)

Nessa nova economia, que busca transformar corpo e subjetividade em investimento rentável, o consumo já é tão natural que pode ser considerado mais um componente que sobressai na construção dos modos de vida presentes no mundo ocidental.

Foucault mostra, ainda, que a sexualidade há muito tem sido um dos campos privilegiados de uma intervenção orientada para a produção de diferentes saberes e padrões de normalidade a serem seguidos. Mas essa intervenção vai mais longe, adentrando também a esfera do consumo que, em nosso tempo histórico mais especificamente, procura ligar a sexualidade aos ideais de felicidade e realização pessoal. Ele diz:

> Mais do que essa incidência econômica, o que me parece essencial é a existência, em nossa época, de um discurso onde o sexo, a revelação da verdade, a inversão da lei do mundo, o anúncio de um novo dia e a promessa de certa felicidade estão ligados entre si. É o sexo, atualmente, que serve de suporte dessa velha forma, tão familiar e importante no Ocidente, a forma da pregação. (Foucault, 1988, p. 13)

Com essa espécie de "pregação", que ajuda a definir os melhores caminhos a serem trilhados para elaborar um discurso de verdade sobre si mesmo e, dessa forma, ver realizadas as promessas de felicidade por meio do sexo, o corpo fica muito suscetível à possibilidade de ser tratado como uma mercadoria, que, como tal, está sujeito a diferentes avaliações.

Diante de tais promessas, a idealização da vida sexual atinge patamares por vezes inalcançáveis, abrindo espaço para a frustração e a decepção. A experimentação do próprio corpo e do corpo do outro acaba sendo atravessada por diferentes expectativas e, quando os encontros acontecem, a distância entre aquilo que se esperava e aquilo que o encontro possibilita de fato se mostra decepcionante.

Um indício desse processo pode ser encontrado nos resultados de uma recente pesquisa realizada pelo Núcleo de Sexualidade da Universidade de São Paulo sobre o início da vida sexual de jovens brasileiros. Concluem os pesquisadores: "58,6% dos rapazes se queixam de ejaculação precoce e problemas de ereção. O mesmo percentual de insatisfação (58,7%) é verificado entre as garotas, que citam a falta de orgasmo como o principal problema" (Collucci, 2004). Os pesquisadores mostram, ainda, que a faixa etária por eles investigada (entre 18 e 25 anos) não comporta problemas de disfunção sexual de ordem física, sendo estes, então, diagnosticados como problemas de "imaturidade emocional". Aqui, recorre-se à própria subjetividade para explicar a insatisfação e a frustração em relação às promessas "de certa felicidade" (Foucault, 1988, p. 13) que não se confirmaram.

Foucault (1996, p. 229) questiona: "Como se explica que, em uma sociedade como a nossa, a sexualidade não seja simplesmente aquilo que permita a reprodução da espécie, da família, dos indivíduos? Não seja simplesmente alguma coisa que dê prazer e gozo?" Quando a sexualidade deixa de ser abordada dessa maneira, é o julgamento sobre a performance que ganha maior destaque. Pode-se dizer que essa tendência à avaliação, presa a padrões idealizados, não só dificulta como, em larga medida, inviabiliza a experimentação, a descoberta do corpo e a sua potencialidade para estabelecer conexões. Em uma conferência realizada em 1981, "Sexualidade e solidão", Foucault (2004, p. 96) chegou a considerar que, a partir do cristianismo, a sexualidade se transformou no "sismógrafo de nossa subjetividade". E todo esse empreendimento, que vem se realizando há longa data, ajudou a aproximar cada vez mais sexo e verdade sobre si mesmo.

É nesse sentido que os profissionais do marketing, muito bem informados sobre as aspirações e os desejos da população (por intermédio de suas pesquisas), utilizam-se da sexualidade para atrair mais consumidores. Um exemplo disso é a proliferação de *sex shops* nas grandes cidades brasileiras, que vêm conquistando um público bastante amplo nos últimos anos e atendem aos apelos comerciais (e mesmo médicos) relativos à necessidade de aumentar a emoção e o prazer dos encontros sexuais. O uso de seus produtos tem gerado certas polêmicas, principalmente no que se refere à busca individual do prazer. Tanto que recentemente surgiu um novo profissional nesse campo, denominado "*personal sex trainer*" (Yuri e Sampaio, 2004), cujo trabalho consiste em ofertar aulas de sensualidade para adultos insatisfeitos com seu desempenho sexual. No depoimento de uma professora da área, apresentado pelos autores, encontramos diversas considerações sobre os encontros amorosos e a utilização de produtos eróticos. Ela relata, por exemplo, que as mulheres aderem ao uso do vibrador por vários motivos:

> As que nunca tiveram orgasmo às vezes aprendem a conhecer o corpo e se satisfazem sozinhas. Algumas estão casadas há muitos anos e querem apimentar o relacionamento. Outras desconfiam que o marido tem amantes e querem se atualizar na cama. E tem também as sozinhas, que muitas vezes se entregaram totalmente ao trabalho, não têm parceiro e se esqueceram até como é. Compram para retomar a prática, antes de entrar no "mercado". (Yuri e Sampaio, 2004)

Pode parecer uma simples brincadeira, mas a expressão "entrar no mercado" já é resultado de uma incitação ao sexo atravessada pelo crivo comercial. A busca pelo prazer, amplamente difundida em novelas, revistas e filmes, passou a ser tratada como uma obrigação que, caso não seja cumprida segundo aquele padrão proposto, abre espaço para avaliações sobre a própria performance, nas quais a mulher é tida como "inadequada, ultrapassada e reprimida" e o homem como "inapto" (Burgierman, 2003, p. 40). E, na dúvida, a mercadoria pode ganhar preferência diante do risco de frustração dos encontros. Aquilo que Foucault (1996a, p. 147) considerou um novo investimento econômico no corpo, ou seja, "Fique nu... mas seja magro, bonito, bronzeado!", serve agora como novo imperativo a incitar a busca da suposta plenitude, sob o risco de ser "enquadrado" como desviante.

Tais imperativos, que se multiplicam a cada dia, também não funcionam à base de mera obediência. Ao contrário, seu funcionamento é muito complexo, sendo capaz de acionar o desejo de alcançar aquilo que é prometido pela mídia e por suas campanhas publicitárias, estimulando o sujeito à adesão, à compra, ao acesso e, em certos casos, à obrigatoriedade do prazer. Nota-se que há todo um investimento para que o desejo seja atualizado na aquisição de mercadorias.

Com isso, o controle-estimulação que incide sobre a sexualidade se multiplica e toma outros contornos quando ajuda a definir os "modelos de beleza" do corpo a serem perseguidos a qualquer custo, mesmo que para isso seja preciso se submeter a sacrifícios ou até correr risco de morte. Nesse universo, que gira em torno do padrão de beleza, encontramos corpos bem moldados para serem vistos, admirados e desejados por um contingente de outros corpos que não necessariamente são dotados de um material genético compatível com o ideal ou que, por vezes, não são capazes de aderir aos regimes austeros e medicamentos caros. Aqui, o discurso de verdade acerca do sujeito volta-se para a aparência do seu corpo, que, uma vez exposto a olhares externos, é largamente submetido a avaliações.

O culto do corpo belo, geralmente definido pela indústria da moda, é crescente e conta com a adesão de uma parcela significativa da sociedade, independentemente de sexo ou faixa etária. Com essa adesão, a proliferação dos produtos de beleza alcança patamares altíssimos, tornando-se uma esfera do mercado em franca expansão[1]. A busca da beleza, que envolve um investimento financeiro, além de muita disciplina, por vezes é apresentada ao público consumidor como sinônimo de amor-próprio. O sujeito é estimulado a sentir prazer ao cuidar da própria beleza, sendo que essa atitude contribuiria, supostamente, para o aumento da autoestima e do autoconhecimento.

Quando a busca da beleza se torna parte do cotidiano de diferentes classes sociais e passa a ser associada à autoestima, esse segmento do mercado se expande, investindo em pesquisas de novos produtos, novos serviços e principalmente em estratégias publicitárias capazes de conectar ainda mais os consumidores à procura do bem-estar e do prazer de cuidar de si mesmo.

Mas também a dor física se faz presente nesse empreendimento. A opção por cirurgias plásticas aumentou entre os brasileiros nos últimos anos, sendo um caminho bastante procurado justamente por apresentar resultados mais imediatos. E

---

1 No Brasil, a indústria de cosméticos está "avessa às crises econômicas, ela cresceu à taxa média de 6,5% nos últimos cinco anos. Seu faturamento saltou de R$ 5,9 bilhões, em 1998, para R$ 11 bilhões em 2003" (Menconi, 2004, p. 74).

essa preferência não envolve apenas um contingente de pessoas preocupadas com a passagem do tempo, que já produz marcas em seu corpo, mas também aquelas que, uma vez cientes de que estão distantes do ideal, experimentam certo mal-estar. Segundo Oswaldo Saldanha, secretário-geral da Sociedade Brasileira de Cirurgia Plástica, a "quantidade de meninas que colocam próteses aumentou mais de 300% nos últimos dez anos" (Kormann, 2004). Diante da força com a qual os modelos de beleza são buscados, bem como dos avanços da medicina na área dos cosméticos, medicamentos e cirurgias plásticas, a insatisfação com o próprio corpo e as possibilidades de "corrigi-lo" abrem espaço para um mercado promissor.[2] Nesse caso, "corrigir" consiste em recorrer a intervenções médicas e cirúrgicas para ficar o mais próximo possível do padrão de beleza instituído, perseguindo exaustivamente o aperfeiçoamento de detalhes anatômicos.

Vale destacar que, se durante certa época o cuidado com a beleza tinha a preferência majoritária do público feminino, nos últimos anos ele foi estendido também aos homens, que estão cada vez mais preocupados com a aparência. O mercado voltado ao público masculino, que primeiro cresceu na direção das academias de ginástica e dos regimes, compartilha atualmente os mesmos interesses do universo feminino.[3] A adesão à busca da beleza e ao consumo ganhou dimensões tais na população masculina que, em 1994, o jornalista inglês Mark Simpson criou o termo "metrossexual" para "descrever o heterossexual moderno e urbano, um sujeito tão ou mais vaidoso que as mulheres, que frequenta butiques, usa cremes e loções para pele, é refinado na

---

2 "O Brasil já é o segundo país do mundo em número de cirurgias plásticas (atrás dos EUA), com 400 mil procedimentos realizados em 2003 (70% em mulheres)" (Colavitti, 2004, p. 38).

3 "Desde 1999, cresceu seis vezes o número de homens que usam cosméticos no rosto. Aí incluídos hidratante, filtro solar, loções para pele sensível e barba cerrada" (Menconi, 2004, p. 74).

cozinha e não se sente por fora em uma conversa sobre decoração de ambientes" ("O homem em nova pele", 2003, p. 64).

Nesse ponto já é possível questionar quais componentes subjetivos são mobilizados quando o sujeito se inscreve desejantemente no universo das campanhas publicitárias. Uma resposta possível é a expectativa, sempre renovada, de ter acesso ou de pertencer aos mundos criados e "glamorizados" pelo marketing e, segundo essa óptica, abrir caminhos para sair da situação de exclusão e, sobretudo, para sair do anonimato. Os representantes midiáticos desses mundos são geralmente as "celebridades" (Costa, 2004, p. 170), cuja vida privada é parcialmente exposta em revistas e programas televisivos que relatam sua ampla sociabilidade, sua vida amorosa, suas preferências de consumo e de entretenimento. Obviamente, aquelas dimensões da existência marcadas por conflitos, fracassos e crises são omitidas ou minimizadas pela mídia a fim de não atrapalharem a identificação do "fã" com o ideal. Nesse caso, pode-se dizer que a lembrança do caráter controverso da existência interfere de forma negativa na comercialização das mercadorias.

O desejo de ser incluído em um mundo feito para poucos é sustentado pela crença de que, uma vez alcançado aquele padrão definido como belo, seria possível também experimentar os benefícios e prazeres que foram a ele agregados. Nesses mundos, dimensões da existência como a passagem do tempo, os conflitos e a morte simplesmente não encontram lugar de expressão. Podemos dizer, então, que qualquer propaganda que faça essa partilha moral-estética da vida, desconsiderando a conflituosidade, a multiplicidade e a finitude que lhe são próprias, torna-se, em toda a sua extensão, necessariamente enganosa.

É interessante notar ainda que, mesmo representando um modelo de beleza específico – o corpo magro, alto, simétrico, claro –, amplamente desejado por adolescentes, jovens e adultos, esse biótipo guarda certo descompasso quando a discussão sobre a beleza se dá em outros contextos. Nesse caso, são padrões de beleza distintos que sobressaem. Entretanto, apesar das diferenças, é ainda o culto ao corpo de acordo com determinado padrão que estimula a busca da beleza e o desejo de pertencer ao mundo que a acompanha.

E quando esses padrões são muito diferentes entre si trava-se uma verdadeira "guerra estética"[4] para que se determine qual dos mundos se sobreporá e se firmará como mais forte, ou seja, qual segmento do mercado será capaz de colocar seus produtos majoritariamente em circulação, conquistando assim a preferência do público consumidor.

Tanto o controle-estimulação que incide sobre o sexo quanto aquele que ajuda a definir padrões de beleza, focalizando assim a aparência do corpo, contam com a intervenção de diferentes profissionais cujo trabalho consiste em concretizar e acelerar essa captura. Os profissionais vão desde aqueles que se ocupam da produção publicitária (como os fotógrafos, os diretores de arte, os consultores e os caça-talentos) aos responsáveis por assessorar o trabalho de transformação do corpo (como os *personal trainers*, estilistas, *personal stylists*, esteticistas, nutricionistas e, principalmente, os profissionais ligados à medicina estética). De qualquer maneira, todo esse trabalho encontra repercussão na esfera social à medida que é difundido como um mundo que pode ser conquistado de acordo com a disponibilidade financeira e o segmento de mercado que está em jogo. Mas, independentemente disso, o que fortalece essa adesão é a incitação de um desejo específico: o de ver realizadas as promessas de felicidade, de inclusão social e de aumento da autoestima.

---

4 Expressão utilizada por Maurizio Lazzarato para descrever as recentes estratégias utilizadas pelo marketing para criar "mundos glamorizados", que permitem colocar os produtos e os serviços em circulação no mercado. Primeiro haveria a identificação do consumidor com esses mundos, e somente depois o consumo propriamente dito das mercadorias ou dos serviços a eles associados. Portanto, a disputa não está centralizada nas mercadorias, mas nos mundos estéticos que a elas são agregados (Lazzarato, 2004).

A busca da "boa aparência" pode tomar contornos até mesmo persecutórios, pois a simples exposição do corpo no cotidiano é suficiente para determinar se o indivíduo está dentro ou fora da moda. Assim, qualquer pessoa que compartilhe tais valores é capaz de julgar aqueles com os quais convive, visto que a exposição é inevitável. A estimulação ao julgamento e à competitividade ganha dimensões ainda mais evidentes na contemporaneidade, tanto na esfera individual quanto na coletiva.

É com base nesse sentido competitivo que as intervenções do controle-estimulação se desdobram para outras dimensões da existência, como o apelo constante por maior qualificação profissional, seja por meio de cursos superiores, seja por meio de cursos de formação, de aperfeiçoamento e de pós-graduação. Nesse caso, a procura por uma verdade que fale sobre o sujeito manifesta-se em outro campo, ligado agora à profissionalização: o sujeito é aquilo que ele faz. Deleuze (1992, p. 221) já nos alertava: "Nas sociedades de disciplina não se parava de recomeçar (da escola à caserna, da caserna à fábrica), enquanto nas sociedades de controle nunca se termina nada". A formação profissional hoje é algo que acompanha à risca essa dinâmica caracterizada pelo interminável. Com isso, a empresa tornou-se um prolongamento da escola e oferece – ou, em alguns casos, chega a exigir de seus funcionários – a continuidade dos estudos em nome da melhoria na qualidade do serviço, tornando a formação profissional algo permanente.

Mas esse quadro não é prerrogativa do trabalhador que já encontrou uma colocação profissional. Também aqueles que estão fora do mercado podem aderir a esse novo imperativo de consumo educacional. A competitividade e as taxas de desemprego podem ser consideradas fomentadoras de tal adesão. As incertezas sobre a conquista e a manutenção da colocação profissional estimulam o sujeito a seguir em sua formação, ainda que uma análise mais cuidadosa mostre quanto ela pode ser inútil para a atividade que está sendo realizada naquele momento. Entretanto, o raciocínio dominante salienta que não se pode "ficar parado" ou "andar para trás", pois sempre haverá alguém mais qualificado "para tomar seu lugar". Esses enunciados mostram novamente quanto o controle-estimulação, também nesse campo, incita a comparação e difunde o medo da exclusão iminente.

A dificuldade para conquistar uma colocação profissional em nossos dias já se consolidou como uma preocupação significativa por parte da família. Muitos pais se esforçam com intuito de possibilitar aos filhos uma formação escolar por meio da qual sua entrada no mercado de trabalho seja facilitada. Mas o que vemos configurar-se hoje envolve outra composição de forças, e a colocação profissional, em alguma medida facilitada pela presença de um curso superior no currículo, exige cada vez mais investimentos paralelos. Sobre isso, Deleuze (1992, p. 216) diz:

> Pode-se prever que a educação será cada vez menos um meio fechado, distinto do meio profissional – outro meio fechado –, mas que os dois desaparecerão em favor de uma terrível formação permanente, de um controle contínuo se exercendo sobre o operário-aluno ou o executivo-universitário.

Escola e empresa aparecem comprometidas com o mesmo objetivo, que consiste em controlar a formação do trabalhador e/ou estudante e em dar-lhes uma direção, dentro e fora de sua jornada de trabalho e/ou estudo. É assim que os muros institucionais das escolas caem e suas atividades se espalham, fazendo-se presentes durante toda a existência.

Além disso, na condição de aluno ou de trabalhador, o sujeito encontra-se em contínuo processo de avaliação de desempenho, cujo resultado pode ser utilizado para definir progressões funcionais ou mesmo para decretar seu desligamento da empresa/escola. Aqui, o risco de perder o lugar conquistado é permanente, fazendo do medo um forte componente que atravessa essa esfera do controle.

Todo um trabalho publicitário é feito para que o sujeito se sinta especial ao frequentar os cursos de formação, pois, nesse caso, ele absorve a ideia de que foi capaz de deixar uma grande quantidade de concorrentes para trás, podendo assim experimentar a sensação de que tem algo a mais: a formação. Enunciados do tipo "Seu futuro começa aqui!", "Faça algo por você mesmo!", "Aqui você é um vencedor!" veiculam a promessa de que os cursos técnicos ou universitários disponíveis no mercado são suficientes para garantir a entrada desse sujeito na área profissional de sua preferência, desconsiderando completamente as taxas de desemprego presentes em nosso contexto sócio-histórico.

Diante das exigências do mundo do trabalho e da formação, o tempo livre – dos fins de semana e das férias – torna-se algo raro e, por isso mesmo, constitui outra fonte importante de investimento. Nessa direção, novas estimulações aparecem e colocam o consumidor diante de várias opções ofertadas pela "indústria do turismo", que está cada vez mais especializada: turismo de evento, rural, urbano, litorâneo, nacional, internacional, selvagem, ecológico, gastronômico, enfim, uma lista suficientemente ampla para agradar a gostos distintos. Os lugares são oferecidos como verdadeiros "paraísos na terra", repletos de conforto e comodidade. O sujeito aparece aqui como alguém especial; afinal, depois de tanto trabalho, fica fácil absorver o estímulo que se faz presente no seguinte enunciado: "Você merece!"

Quanto mais disposição o turista tiver para conhecer as atrações da região em que se encontra, deixando que um profissional do turismo se responsabilize por administrar seu tempo livre, maiores serão o consumo e a circulação de dinheiro. E, caso não se tome certa precaução, a agenda das férias pode ficar tão cheia quanto a dos dias de trabalho.

Enredado em um cotidiano no qual a estimulação se dissemina por diversos aspectos da vida, o sujeito, por vezes, rende-se às chamadas publicitárias elaboradas com base numa investigação minuciosa de seus anseios. Multiplicam-se, então, as propostas: "Aqui você tem a sensação de que tudo é perfeito!" (*Guia Quatro Rodas: Brasil*, 2004, p. 814), "Deixe o mundo lá fora, mergulhe aqui!" (p. 400), "O lugar que você sempre sonhou!" (p. 816) ou "Aqui o seu único compromisso é não ter compromisso com nada!" (p. 709), para mencionar apenas alguns exemplos. Um mundo de prazeres, dissociado do cotidiano de trabalho, é criado para que o usuário se sinta especial e principalmente merecedor dessas promessas.

Além de administrar o tempo livre do turista, esse segmento de mercado ainda trabalha com a estimulação da qualidade de vida, ressaltando as condições naturais dos lugares (o ar puro, a proximidade de florestas, a presença do sol o ano todo), a alimentação saudável, os exercícios físicos e as possibilidades de novos encontros. Assim, a qualidade de vida torna-se, também ela, um investimento econômico, que pode ser efetuado pela contratação de profissionais. Hotéis e spas oferecem serviços de profissionais especializados na área da saúde, como nutricionistas, fisioterapeutas, médicos ou *personal trainers* e professores de ioga que ajudam a aliviar o estresse e as agitações da vida urbana (muitas vezes, como dito anteriormente, criando uma nova agenda de atividades).

Para que esses "paraísos" estejam ao alcance das mãos é necessário responder afirmativamente às estimulações, mas também atingir um patamar financeiro compatível com o investimento. No entanto, mesmo que o indivíduo não disponha de condições econômicas para aderir a esse tipo de consumo, ainda assim ele é bastante estimulado. Deleuze (1992, p. 224) chama a atenção para outra nuança da sociedade de controle: "O homem não é mais o homem confinado, mas o homem endividado". Aquele sujeito tido como "bom pagador", historicamente um cliente privilegiado pelas empresas para a realização de bons negócios, cede espaço para o homem endividado, que, justamente por sua condição de subjugado pelo endividamento, torna-se agora um cliente preferencial. Empresas de crédito foram criadas exclusivamente para gerenciar as dívidas, fazendo das dificuldades de pagamento e das altas taxas de juros um empreendimento promissor. O envio de cartões de crédito não solicitados, a abertura de contas bancárias sem fiador e as amplas condições de pagamento são facilidades que atraem e incitam ainda mais a compra.

Trabalho, estudo e tempo livre voltado para o consumo ocupam boa parte da existência e são amplamente monitorados. E tudo isso aparece para o sujeito como um exercício graças ao qual ele é "livre" para agendar seus compromissos, planejar suas compras e programar seu lazer. Entretanto, uma análise mais cuidadosa mostra que a vida cotidiana está cada vez mais preenchida por atividades.

Isso se confirma quando atentamos para outra dimensão da existência na qual o controle-estimulação se faz presente: a busca pelo acúmulo e pela proteção dos bens materiais. Foucault (2003d, p. 67) faz a seguinte consideração sobre a vida contemporânea regida pela lógica do capital:

> Hoje, as pessoas não são mais enquadradas pela miséria, mas pelo consumo. Tal como no século XIX, mesmo se é sob outro modelo, elas continuam capturadas em um sistema de crédito que as obriga (se compraram uma casa, móveis...) a trabalhar todo santo dia, a fazer hora extra, a permanecer ligadas. A televisão oferece suas imagens como objetos de consumo.

A quantidade de trabalho realizado e o retorno financeiro obtido, uma vez revertidos em bens e patrimônios, acabam gerando paralelamente a necessidade de assegurar sua posse, pois aí se encontra investido o resultado conquistado pelo trabalho de toda uma existência.

Com isso, a gestão da vida privada, realizada sob o enfoque da segurança, torna-se outro campo de investimento que fortalece os dispositivos de controle. Assim, vemos surgir um segmento de produtos e serviços voltados para estimular a proteção, e que poderíamos denominar "indústria da segurança".

Essa também se utiliza de um componente de subjetivação já mencionado em outras descrições deste livro: o medo. Quanto mais o medo for incitado, maior será a necessidade de monitoramento das pessoas e dos bens. E isso também pode aumentar o consumo de produtos e serviços que supostamente garantiriam uma margem de segurança para a existência em uma sociedade insegura com a divulgação sistemática dos índices de violência. Os produtos e serviços são diversos e o leque de alternativas não cessa de crescer, como pudemos acompanhar no capítulo sobre vigilância disseminada.

Diz a gerente de análise de riscos de uma empresa nacional de seguros para veículos: "Os produtos têm sido adaptados de acordo com a percepção de maior risco pela sociedade, em especial no que se refere à violência" (Corrêa, 2004). Quando o risco é tornado ainda mais visível e são divulgadas as chances que o indivíduo tem de recuperar um bem roubado ou de ser encontrado em caso de sequestro, tanto o medo quanto a esperança nas promessas de segurança ajudam a aumentar a adesão dos clientes aos produtos.

Vale considerar que, com a sofisticação e a disseminação das campanhas publicitárias, o desejo de estar incluído no universo daqueles que possuem capital é mais e mais estimulado. Porém, quando esse acesso não está disponível para todos, as diferenças se evidenciam, podendo tomar configurações violentas. E, nesse cenário contemporâneo de mistura, Deleuze (1992, p. 224) destaca:

> É verdade que o capitalismo manteve como constante a extrema miséria de três quartos da humanidade, pobres demais para a dívida, numerosos demais para o confinamento: o controle não só terá que enfrentar a dissipação das fronteiras, mas também a explosão dos guetos e favelas.

Nesse sentido, cresce a preocupação com a vigilância dos acessos, a gestão tecnológica dos espaços, a ativação de mecanismos que controlam a passagem dos indivíduos e a posição que cada um ocupa em áreas protegidas. Essa preocupação é ainda mais incitada pelas empresas de segurança, que oferecem seus produtos e serviços para contornar os perigos decorrentes da proximidade com a diferença (traduzida como risco). E faz parte do funcionamento desse dispositivo, que incita o medo em todas as direções, o anúncio das estratégias de segurança utilizadas em cada situação. Essa divulgação é compreendida pelas empresas como uma forma de dissuadir os futuros transgressores. Mas serve também como uma estratégia de marketing para divulgar as novas mercadorias e reforçar a necessidade de adesão a esses operadores de vigilância (equipamentos e agentes) por parte daqueles que desejam ver seus bens e sua vida preservados. Daí tornarem-se tão corriqueiros, por exemplo, o uso de cartazes explicativos sobre o funcionamento de cofres, os avisos sobre a presença de alarmes e uma vigilância mais ostensiva.

Existe, assim, todo um caráter preventivo que ajuda a compor a estimulação no que diz respeito à segurança. Claro que a utilização desses operadores de segurança aparece como algo socialmente justificado e, de maneira geral, sua validade não é muito questionada. Mas faz-se necessário considerar a distância que se abre entre a eficiência de tais operadores e as promessas de uma "segurança-total" (Wacquant, 2001, p. 13) recorrentemente feitas pelo mercado. Essas promessas simplesmente não podem ser cumpridas, pois isso implicaria controle absoluto sobre o acaso dos encontros.

Chegando ao final deste capítulo, pode-se perceber que cada uma das situações aqui descritas é atravessada o tempo todo pelo consumo e pelo desejo manifesto de ter acesso àquilo que Deleuze (1992, p. 226) chamou de "alegrias do marketing". Nesse contexto, não é preciso fazer grandes negócios que envolvam quantidades exorbitantes de dinheiro. Em grande parte dos casos, as pequenas compras são as mais estimuladas: "Está triste? Consuma!"

Algumas campanhas publicitárias são ainda mais diretas quando, para atrair novos compradores, recorrem a enunciados do tipo: "Você não vai resistir" ou "Você não pode perder esta oportunidade". Nesses casos, a publicidade concebe um consumidor incapaz de fazer uma apreciação crítica dos produtos que lhe são apresentados. E essa avaliação, em alguma medida, acaba sendo absorvida por alguns consumidores. Tanto que, diante de tais apelos, torna-se comum o depoimento de pessoas que se definem como "dependentes" de certas mercadorias, afirmando que não conseguem "se controlar" quando estão diante delas. Analisando o impacto da publicidade e do consumo na subjetividade, Suely Rolnik (1997, p. 22) destaca: "Os viciados nessa droga vivem dispostos a mitificar e consumir toda imagem que se apresente de forma minimamente sedutora, na esperança de assegurar seu reconhecimento em alguma órbita do mercado".

Entretanto, cabe ainda questionar: se as promessas que são agregadas às mercadorias acabam sendo mais cedo ou mais tarde frustradas (visto serem construídas com base em idealizações), como o apelo ao consumo persiste? O que nutre essa busca que, mesmo enganosa e decepcionante, permanece forte? Sobre isso, Carvalho (1998, p. 115-6) assinala que: "O dinheiro, este meio de acesso ao 'mundo maravilhoso', é também ele gerador de um tédio, de um cansaço que acompanha subsequentemente cada um dos ideais inatingíveis".

Como há uma velocidade acelerada que fomenta a criação e a circulação de novas mercadorias – contando, para isso, com a participação do sujeito tanto em sua produção quanto no consumo –, o lugar das promessas, ainda que frustradas, mantém-se praticamente inabalado, pois, quase de imediato, surgem novas propostas ainda mais idealizadas que substituem as anteriores. Pode-se considerar que, em larga medida, é o próprio cansaço que mantém o sujeito capturado nessa procura infinita. Assim, em vez de a frustração quebrar o ciclo, ela o retroalimenta.

Naffah Neto (1997, p. 109) observa que "para manter a ilusão do prazer e da felicidade acessíveis, só mesmo o bombardeio diário da televisão", que incide não apenas sobre o tempo presente, mas também sobre um tempo que ainda está por vir. De maneira antecipatória, é o futuro que, em sua dimensão já representável, torna-se um alvo a ser explorado pelo mercado.

Mas isso já nos lança ao próximo capítulo, que se ocupará de outro feixe de linhas, denominado "Controle de riscos". Vale lembrar que os feixes de linhas analisados até agora (vigilância disseminada e controle-estimulação) se cruzam em vários momentos, pois os fluxos se conectam e os dispositivos se tornam cada vez mais modulados para acompanhar essas novas articulações. E esse mesmo movimento será encontrado nas descrições a seguir.

4

CONTROLE DE RISCOS

Seguros de vida, seguros de veículos, planos de saúde, planos de assistência jurídica e, quem diria, seguro contra infidelidade conjugal. É isso mesmo. Ele foi inventado na Inglaterra e destina-se principalmente às ocasiões de viagens de cônjuges para outros países do mundo. Esse mesmo seguro considera o Brasil um destino dos mais "perigosos", por ser um país tropical no qual as pessoas ficam, teoricamente, mais suscetíveis à traição, fato que coloca seu preço, nesse caso, entre os mais altos (Cony, 2003). Seja qual for o nicho de mercado para o qual os seguros são dirigidos, sua estratégia consiste em fazer previsões para tentar controlar aquilo que ainda está por vir.

Por outro lado, engloba também investigações voltadas ao passado, cujos resultados possam ser utilizados para esclarecer o presente ou projetar mudanças para o futuro. Estamos diante de uma nova fatia de mercado que difunde a ideia de uma "vida sem imprevistos". Ela ocupa-se em fazer diagnósticos, pesquisar tendências e, em especial, administrar riscos que comprometam a continuidade da existência, das relações, dos projetos ou dos empreendimentos econômicos.

Portanto, entramos, neste capítulo, em uma dimensão relativa aos dispositivos de controle que não visa ao tempo presente, como aquelas que foram anteriormente descritas. O controle por meio da vigilância disseminada e o controle-estimulação dependem em larga medida do presente para que se efetuem. Neles, o sujeito é convocado, com certa frequência, a avaliar as condições de vida que tem no momento histórico vivido e atuar imediatamente, seja para participar da vigilância, seja para consumir modos de vida. Trata-se de intervenções cujo foco incide majoritariamente sobre o aqui e o agora. Já esta esfera dos dispositivos de controle se ocupa de uma investigação ampla que se estende também para o futuro e para o passado. Comecemos pela descrição de situações com foco no futuro. Criar um intervalo entre a notícia (que pode ser antecipada) e um acontecimento propriamente dito é o que faz do controle de possíveis riscos um feixe de linhas complexo, muito desejado pela população, e, ao mesmo tempo, um empreendimento promissor que favorece a emergência de uma nova fatia de mercado ocupada, agora, com a gestão privada de riscos. Pode-se dizer, então, que vivemos em um tempo histórico que cria continuamente condições tecnológicas, biológicas e científicas para facilitar diversas formas de controle da existência.

Entretanto, nesse caso, voltar a atenção para o futuro não envolve necessariamente a "ousadia de sustentar um espaço de abertura, de indeterminação, um pleno de possíveis" (Pelbart, 2003, p. 88). Trata-se de uma investigação minuciosa das possibilidades de otimizar e estender a continuidade da existência, sem se ocupar com uma análise do tipo de vida que aí está implicado.

Todo esse empreendimento conta com um campo de pesquisa tecnológica avançada e sofisticada que acelerou suas descobertas nas últimas décadas, com o trabalho de profissionais qualificados em diferentes áreas. Entretanto, a atenção voltada para o futuro não é prerrogativa apenas de grandes cientistas. Ela também pode ser encontrada no cotidiano de toda a população de maneira bastante disseminada, como veremos nas descrições deste capítulo.

Nos últimos anos, por exemplo, vimos crescer uma preocupação referente à nutrição que se manifestou nas mais diferentes classes socioeconômicas. Pesquisas sobre a ação dos alimentos no organismo foram ampliadas e encontraram respaldo de órgãos internacionais como a Organização Mundial da Saúde (OMS), que se empenha em disseminar os resultados dos diferentes estudos à população por meio de campanhas nacionais ou mundiais de esclarecimento sobre a eficiência da alimentação na prevenção de doenças.

No Brasil, as intervenções da OMS são constantes. Em parceria com o Ministério da Saúde, foi lançado, em novembro de 2003, o Programa Global de Frutas e Vegetais (Biancarelli, 2003), cujo objetivo era chamar a atenção da população para as patologias decorrentes de uma alimentação inadequada, bem como para os benefícios orgânicos trazidos pela modificação dos hábitos alimentares. O objetivo desse tipo de iniciativa é combater, no presente, o consumo de alimentos que podem trazer problemas de saúde no futuro. Trata-se de um tipo de campanha estruturada sobre o eixo da prevenção de possíveis patologias. Tal iniciativa colabora para a construção de um modo de existir considerado "saudável".

Estabelecendo um movimento de adesão, a população vai aos poucos se informando e se inscrevendo nas redes de controle da saúde das mais variadas maneiras. Jurandir Freire Costa (2004, p. 78) chama a atenção para esse interesse crescente pelo corpo quando relata o seguinte:

> Fatos anatomofisiológicos, antes relegados à esfera da competência médica, hoje fazem parte de discussões e comentários na linguagem cotidiana. Poucas coisas, atualmente, entusiasmam tanto os indivíduos quanto discutir sobre taxas de colesterol, posturas anatomicamente corretas, sensações de bem-estar físico recém-descobertas ou alimentação saudável, livre de corantes químicos, agrotóxicos ou mutações transgênicas.

Percebe-se que o funcionamento sensorial e orgânico é frequentemente avaliado com base nos conhecimentos difundidos sobre nutrição, fisiologia e outras áreas. A circulação desses saberes no cotidiano transforma cada sujeito em um agente de difusão. Podemos dizer, desde já, que essa linha dos dispositivos voltada para o controle de riscos focaliza, em especial, a conservação do corpo e, por isso mesmo, a saúde é uma de suas principais áreas de pesquisa e intervenção. Nesse terreno, situações adversas não são simplesmente negadas ou descartadas por meio de pensamentos onipotentes como "Isso jamais acontecerá comigo". Ao contrário, é justamente por levar em consideração a presença iminente do risco, bem como a sensação de perigo e o medo dela decorrente, que a adesão aos programas preventivos torna-se tão intensa.

Mas esse movimento faz que outra faceta da onipotência perante o acaso tome forma: aquela com base na qual se acredita que é possível manter a dimensão trágica da existência (ou seja, o fato de que a vida mantém-se permanentemente vizinha do imprevisível, da dor e da finitude) o mais distante possível, ampliando assim as expectativas por um controle capaz de prolongar a existência e a juventude por meio dos cuidados com a saúde.

No caso específico da preocupação com os alimentos, a prevenção não se restringe às campanhas da OMS ou de órgãos públicos e científicos. Em certa medida, a saúde deixou de ser um campo ocupado majoritariamente pela área médica para tornar-se, também ela, um grande empreendimento econômico comandado pela mídia, pelas indústrias de medicamentos e por um contingente significativo de profissionais ligados à estética, à reabilitação e ao diagnóstico. E aqui se pode notar que o controle de riscos se cruza com o controle-estimulação. Assim, o consumo de supermedicamentos e de alimentos ditos funcionais é amplamente estimulado na tentativa não só de conservar a saúde, mas também de aperfeiçoar o corpo, tornando-o mais ativo, excitável, resistente e mais próximo dos padrões de beleza vigentes. Ao que parece, está em curso uma busca pela intensificação da vida e do corpo, sobre a qual Virilio (1996, p. 107) comenta:

> [...] não queremos mais somente *viver melhor*, com o conforto e o consu-
> mo de bens ou de medicamentos, mas *viver mais fortemente*, desenvolver
> a intensidade nervosa da vida através da ingestão de produtos biotec-
> nológicos que complementariam assim os alimentos e outros produtos
> químicos mais ou menos estimulantes.

Os estudos sobre a funcionalidade e a ação dos alimentos no organismo lidam o tempo todo com uma série de dados complexos cujos resultados são sempre parciais e transitórios, sendo possível falar apenas em tendências. Apesar disso, algumas informações, quando saem da esfera científica e passam a ser veiculadas pela mídia, ganham contornos bastante idealizados, "prometendo" cura, longevidade e juventude, podendo supostamente ser alcançadas por meio de dietas alimentares. São as chamadas "dietas da moda" (Segatto, 2005), que, uma vez divulgadas de maneira generalizada, deixam de ponderar as diferenças presentes no metabolismo de cada organismo, os imprevistos ou a história genética do indivíduo, sendo, em grande parte, fadadas ao fracasso.

Apesar disso, a adesão a esse tipo de dieta é fortalecida quando os resultados das pesquisas são associados à comercialização de produtos ou serviços. E a demanda por esse tipo de informação é grande. No Brasil, boa parte das revistas de alta circulação (que tratam de assuntos variados) reserva, durante a programação de suas matérias, um espaço específico para falar de cuidados com a saúde. Isso sem considerar aquelas que foram criadas especificamente para tratar de questões do corpo.[1]

Cabe considerar que essa tentativa de controlar o futuro por meio da previsão de riscos e dos cuidados com a saúde não é novidade de nosso tempo histórico. Foucault, em seus estudos sobre o biopoder, já mostrava como a saúde havia se tornado uma área estratégica de intervenção por parte do Estado. A

---

1 Revistas como *Saúde!*, *Boa Forma*, *Corpo a Corpo* são alguns exemplos.

dimensão política presente nessa prática governamental consistia em organizar programas orientados para fortalecer a saúde da população, preparando-a para o trabalho e para a geração de riquezas. E, para que isso ocorresse, o simples fato de existir como espécie viva era suficiente para justificar diferentes medidas visando a conhecer, calcular e expandir as forças produtivas. Ao transformar a vida da população em uma questão política, o poder estatal tomou para si as funções de geri-la e administrá--la, mediante uma biorregulamentação. Assim, as primeiras intervenções do biopoder aconteceram por meio de quantificações, estatísticas, registros e mensurações de dados sobre a saúde da coletividade. Pelo acúmulo de dados e pela análise dessas informações foi possível constatar que a população não era simplesmente uma massa inerte. Ao contrário, ela tinha características e regularidade próprias que, uma vez examinadas com base em dados precisos oriundos de pesquisas, tornavam possível reunir subsídios para construir uma forma de governar voltada para o cuidado com a saúde e o aumento da produtividade. Sobre isso, Foucault (1999b, p. 302) assinala:

> Dizer que o poder, no século XIX, tomou posse da vida, dizer pelo menos que o poder, no século XIX, incumbiu-se da vida, é dizer que ele conseguiu cobrir toda a superfície que se estende do orgânico ao biológico, do corpo à população, mediante o jogo duplo das tecnologias de disciplina, de uma parte, e das tecnologias de regulamentação, de outra.

Aos poucos, o biopoder foi sendo legitimado como um campo de saber capaz de produzir formas diferenciadas de controle sobre a vida da população. As ciências da saúde e o poder político tornaram-se aliados nesse empreendimento, que buscava construir uma nova maneira de governar. Portanto, nesse período, o biopoder teve toda uma configuração estatal. Construir mecanismos reguladores que garantissem a boa saúde da população significava, com relação à economia, menor número de internações em hospitais, menor custo de administração da rede pública de saúde e menores prejuízos pela ausência no trabalho. Obviamente, introduzir essa nova política de existência não foi uma tarefa simples nem rápida. Para Foucault (1988, p. 134), esse conjunto de estratégias governamentais fez que o homem ocidental aprendesse "pouco a pouco o que é ser uma espécie viva num mundo vivo, ter um corpo, condições de existência, probabilidade de vida, saúde individual e coletiva, forças que se podem modificar, e um espaço em que se pode reparti-las de modo ótimo". Essa aprendizagem configurou-se como condição indispensável para a instalação de uma gestão biopolítica. Assim, a disciplina (individual) e a regulamentação (populacional) inscreveram a vida humana em um cálculo probabilístico voltado para o futuro, no qual a eliminação de riscos para a saúde servia como uma estratégia para garantir uma boa gestão orçamentária.

Pode-se dizer ainda que foi se estabelecendo, aos poucos, uma relação muito próxima entre o biopoder e a expansão do capitalismo como forma de organização socioeconômica. Sobre isso, Foucault (1988, p. 132-3) afirma:

> Esse biopoder, sem a menor dúvida, foi elemento indispensável ao desenvolvimento do capitalismo, que só pôde ser garantido à custa da inserção controlada dos corpos no aparelho de produção e por meio de um ajustamento dos fenômenos de população aos processos econômicos. [...] O investimento sobre o corpo vivo, sua valorização e a gestão distributiva de suas forças foram indispensáveis naquele momento.

Desde então, diversas transformações foram introduzidas nas estratégias utilizadas para governar a população. Assim, tornando-se cada vez mais sofisticado e agregando conhecimentos tecnológicos de diferentes áreas, o biopoder também se modificou e hoje permite realizar, de maneira mais frequente e eficaz, o controle de riscos. No entanto, em nossos dias as intervenções desse dispositivo já não se efetuam exclusivamente por meio do Estado.

Houve uma ruptura pela qual o biopoder desprendeu-se de maneira significativa da gestão estatal, passando a ser operacionalizado também pela oferta de produtos e serviços na esfera da iniciativa privada. Esta última ampliou seu faturamento fazendo do próprio fato de viver e das inevitáveis transformações do corpo uma fonte de riquezas (Lazzarato, 2001).

É o caso da expansão da indústria farmacêutica que vimos nos últimos anos. Atingindo um faturamento de mais de 406 bilhões de dólares[2], essa fatia do mercado investe maciçamente em pesquisas que dão suporte à comercialização de novos produtos voltados para a saúde. Paralelamente, o uso indiscriminado de medicamentos, sem acompanhamento médico, tornou-se uma prática comum no Brasil. Além de ser bastante difundida entre a população brasileira, a automedicação conta ainda com as estratégias de comercialização presentes nas farmácias, que se transformaram em grandes lojas de produtos de saúde, higiene e beleza. E elas ainda oferecem várias facilidades para estimular o consumo de seus produtos, como o atendimento por telefone ou internet, com entrega rápida, contando também com a pouca fiscalização na venda de medicamentos que só podem ser comercializados mediante prescrições médicas. Vale dizer que a automedicação, de alguma forma, faz frente a uma dimensão do biopoder à medida que o sujeito dispensa a consulta ao especialista e adota um tratamento por conta própria, considerando que sabe o que está acontecendo consigo.

Toda essa atenção à saúde[3] está envolta pela expectativa de que é possível conhecer antecipadamente o que está por vir para

---

2 Segundo estimativa da revista inglesa *Focus* no ano de 2003 (Morais, 2003, p. 44).

3 Vale lembrar que nos estudos de Michel Foucault sobre a *história da sexualidade* ele mostrou que a preocupação com a dietética tinha uma grande importância para os gregos, que despendiam horas do dia para realizar uma alimentação considerada adequada. Mas, nesse caso, a alimentação era uma maneira de cuidar da própria existência, ou seja, um cuidado consigo mesmo que ajudava a construir uma estética da existência. O cuidar de si (do qual a dietética era apenas uma das dimensões) não era simplesmente uma ação individual, era também uma tarefa política que só se justificava ao se reverter na melhoria da relação com o outro, ou seja, caso fosse possível conquistar, também por meio dela, um cuidado com o outro.

melhor programar-se e, quem sabe, prevenir-se. Quando essa tendência se associa à ânsia do mercado por colocar em circulação novas mercadorias e serviços capazes de gerar mais capital, as promessas se multiplicam. Entretanto, a preocupação com o corpo não tem ocorrido de maneira determinista, como se uma instância "superior" obrigasse a população a aderir às suas convicções de consumo e a seus programas de saúde e bem-estar de modo austero. Trata-se de intervenções bem mais sutis que, segundo Peter Pál Pelbart (2003, p. 21), envolvem um "conjunto vivo de estratégias", sempre dinâmicas, mutáveis e principalmente construídas com a população a fim de consolidar a sua participação na busca de uma determinada forma de vida considerada saudável. Com isso, voltar os olhos para o futuro com intuito de preservar ao máximo a vida presente torna-se uma tarefa amplamente compartilhada e desejada pela população, que passou a considerar o cuidado com a saúde uma necessidade vital.

É nesse contexto preventivo que se inscreve o Programa Saúde da Família (PSF)[4], criado pelo Ministério da Saúde, que passou a vigorar no Brasil a partir de 1994. Ele reeditou a antiga prática envolvendo o médico da família, que ganhou novamente destaque em nossos dias. O programa conta com equipes de trabalho multidisciplinares formadas por médicos, enfermeiros, auxiliares de enfermagem e agentes de saúde encarregados de atender os bairros carentes que fazem parte das prefeituras que aderiram a essa iniciativa governamental. Por meio dele, é possível realizar ações de prevenção, promoção e recuperação da saúde da população, de maneira integral e contínua, fazendo que a procura por hospitais seja reduzida ao mínimo possível e acionada apenas em casos mais graves. As famílias são cadastradas e, em seguida, acompanhadas por uma equipe de profissionais. Nas chamadas "visitas domiciliares", elas recebem uma espécie de "treinamento"

---

4 Diversas informações sobre esse e outros programas de saúde desenvolvidos pelo Governo Federal podem ser encontradas em www.saude.gov.br.

que as capacita tanto para detectar patologias quanto para cuidar dos seus doentes, já que passam a ter acesso a informações básicas sobre higiene e saúde.

Todo o processo é realizado pelos moradores dos bairros, que, ao aprender a detectar os sintomas e sinais de diferentes doenças, podem intervir, acionando os profissionais de saúde apenas em casos mais graves. Após a avaliação desses profissionais, a comunidade, agora informada, tem condições de tomar a frente do tratamento e do controle das doenças, atuando preventivamente também em relação aos demais moradores do bairro. A complexidade presente nesse tipo de programa é grande, pois, ao mesmo tempo que é possível construir, graças a ele, um saber compartilhado que capacita a população a cuidar da saúde, fortalecendo as relações sociais de uma comunidade, ele também coloca em funcionamento uma espécie de naturalização do biopoder, tornando menos evidente sua dimensão policial. Por isso mesmo, Deleuze (1992, p. 220) diz que as diversas reformas institucionais "puderam marcar de início novas liberdades, mas também passaram a integrar mecanismos de controle que rivalizam com os mais duros confinamentos".

Programas como esse contam ainda com a presença de uma forte "cultura médica", devido à qual grande parte da população está sintonizada com as questões referentes à saúde e à doença, mantendo-se em uma espécie de tratamento permanente, realizado por meio de dietas, cuidados alimentares, exercícios físicos ou uso de medicamentos. É como se a lógica médica que circula no interior dos hospitais atingisse também seu exterior e atravessasse a vida por inteiro. Nesse movimento, o indivíduo acredita ser portador de um saber médico, difundindo novos imperativos, como "Mantenha a saúde" e "Viva mais e melhor".

Essas afirmações podem ser encontradas também em algumas campanhas governamentais contra o tabagismo. Desde o ano de 2001, o Ministério da Saúde tornou obrigatórias, em embalagens de cigarro comercializadas no Brasil, fotos ilustrando os perigos trazidos pelo hábito de fumar; por exemplo, de pessoas que fumaram durante um tempo significativo de sua vida e, em razão desse comportamento, desenvolveram patologias graves[5]. Nesse caso, a estratégia consiste em fazer que o consumidor permaneça constantemente submetido às imagens daquilo que pode vir a ocorrer com ele devido ao uso continuado da droga. Como os sintomas do tabagismo não são evidentes nem imediatos, a utilização das imagens ajuda a promover uma espécie de "saída da 'presença', do 'agora'" (Lévy, 1996, p. 22) assintomático do fumante, para fazê-lo encarar imagens que explicitam os diferentes danos que o hábito de fumar pode acarretar-lhe em um tempo que ainda está por vir.

Até aqui é perceptível o quanto o controle de possíveis riscos traz como eixo central a vida. E, a cada novo avanço nas pesquisas científicas e tecnológicas, é a própria noção de vida que se transforma. Esse é o caso das polêmicas presentes na discussão sobre a eficiência ou os prejuízos relacionados ao uso de vacinas para a imunização populacional. Uma grande conquista da humanidade[6], as campanhas de vacinação ajudaram, sendo ainda hoje eficazes, a manter imunes populações inteiras que se encontram submetidas a riscos de contágios diversos. Seus resultados, mais que satisfatórios, incentivam não só os pesquisadores como também a comunidade em geral, que aguarda soluções preventivas para algumas patologias que hoje sacrificam a vida de inúmeras pessoas.

Imunizar significa controlar uma doença específica que pode estar por vir. Entretanto, apesar dos ganhos obtidos por meio dessa estratégia preventiva, as divergências conceituais entre os pesquisadores, que são favoráveis ou contrários ao uso de vaci-

---

5 Conteúdo disponível em www.anvisa.gov.br/divulga/noticias/040601_1.htm.

6 A primeira vacina foi criada em 1796 pelo inglês Edward Jenne, que imunizou uma criança de 8 anos contra varíola injetando secreções das fístulas de uma vaca contaminada – daí a expressão latina *materia vaccina*, ou seja, substância que vem da vaca. A partir dessa iniciativa, as pesquisas sobre a imunização da população não pararam mais, sendo o século XX o que alcançou maiores resultados.

nas, estendem-se a uma discussão bastante ampla porém ainda pouco conhecida pela população.

A questão ganha outro patamar de complexidade quando, para além da ação de conservar o corpo vivo e imune a doenças contagiosas, começam a surgir estudos nos quais a própria maneira de existir e de experimentar o mundo passa a ser alvo de imunização. Uma recente descoberta científica chama atenção por introduzir uma ruptura com o que vinha sendo realizado até então nessa área. Trata-se de estudos conduzidos por britânicos que alegaram ter criado uma vacina contra a cocaína ("Britânicos dizem ter criado vacina contra a cocaína", 2004). Essa pesquisa[7] apresenta dados sobre a descoberta de um preparado, chamado TA-CD, que atua sobre os efeitos da cocaína no organismo. Segundo os pesquisadores, a "vacina não corta a vontade de consumir cocaína, mas impede os usuários de experimentar os efeitos da substância no cérebro". Nesse caso, já não se trata apenas de recorrer ao uso de vacinas para prolongar a vida, evitando patologias mortíferas. A intervenção é muito mais complexa e envolve um processo cujas repercussões vão além do funcionamento orgânico, visto que interdita, na história futura do sujeito, um conjunto de experiências.

Uma vez que o usuário de drogas tenha sido classificado como doente que precisa de tratamento específico, a justiça, que até então se ocupava quase exclusivamente do uso de drogas, discutindo essa questão no âmbito da legalidade ou da ilegalidade, passou a compartilhar suas responsabilidades e decisões com o meio médico. Este, por outras vias, estabeleceu novas formas de controle sobre o modo de vida dos usuários. Quando a problemática do uso de drogas migra para a área médica, as intervenções tendem a ser absorvidas de maneira muito mais rápida, pois são socialmente justificadas, sendo vistas como procedimentos ligados à conservação da vida.

---

7 Apresentada por ocasião da 66ª Reunião Científica Anual do Conselho sobre Problemas da Dependência de Drogas, que ocorreu em Porto Rico em 2004.

106 SONIA REGINA VARGAS MANSANO

Alguns pesquisadores já começam a falar até mesmo dos benefícios que o uso das vacinas antidrogas poderia trazer às crianças. Novamente é o controle sobre o futuro que está em foco. E, nesse caso, pode vir a ser atribuída aos pais ou ao médico a decisão acerca da imunização da criança contra as drogas. Entretanto, esse tipo de controle nos coloca diante de novos impasses éticos: é legítimo que, em nome da saúde e da segurança, seja vetado a um sujeito qualquer tipo de experimentação futura?

Ainda sobre as investigações a respeito do corpo, vemos que os avanços da medicina e a utilização da tecnologia facilitam a produção de diagnósticos e intervenções de alta precisão. Assim, torna-se cada vez mais possível manter vivo um corpo por mais debilitado ou suscetível que ele esteja no que diz respeito às adversidades do ambiente. Mas não é somente a eficiência desses aparelhos que sustenta a tendência de manter o corpo vivo. A própria população está se informando cada vez mais sobre os avanços da medicina e tem condições de acompanhar suas últimas descobertas.

Uma visita a um centro cirúrgico ou a uma unidade de terapia intensiva (UTI) modernos e bem equipados nos dá a dimensão de como a tecnologia pode funcionar a serviço da manutenção da existência. Neles, grande parte das funções vitais e dos fluxos corporais é monitorada por meio de equipamentos sofisticados. E, caso ocorra algum tipo de imprevisto no decorrer de cirurgias ou durante o tempo em que o paciente estiver internado, as possibilidades de intervenção são diversas, aumentando as chances de manter o corpo vivo. Com isso, algumas ações visando à continuidade da vida, que outrora muitas vezes não podia ser garantida por nenhum tipo de intervenção por parte do homem, agora, com os avanços da tecnologia, passam a ser viáveis.

Ressonâncias magnéticas, tomografias computadorizadas, ultrassonografias de alta precisão são alguns exames que permitem à medicina observar dimensões do corpo até então impossíveis de serem investigadas, ampliando a possibilidade de empreender tratamentos e procedimentos médicos acertados. Virilio (1996, p. 91) destaca uma mudança de perspectiva que ocorreu nas pesquisas atuais. Ele diz: "Hoje, o *lugar das técnicas de ponta* não é mais tanto o ilimitado do infinitamente grande de um ambiente planetário ou espacial, mas o do infinitamente pequeno de nossas vísceras, das células que compõem a matéria viva de nossos órgãos". Trata-se da disponibilização de equipamentos que possibilitam um controle minucioso dos menores fluxos que atravessam o organismo.

Como as pesquisas científicas se debruçam sobre as mais ínfimas partes do corpo, outra configuração do controle de riscos passa a tomar forma. Ainda no universo médico-tecnológico, a segunda metade do século XX vivenciou um grande salto com as descobertas sobre o DNA e o código genético. Nesse setor, avançam as pesquisas da engenharia genética e suas possibilidades de antecipação de diagnósticos, seguidos de tratamentos mais adequados, que amenizariam os efeitos de futuras doenças ou que poderiam, em alguns casos, evitar sua ocorrência.

Entretanto, como dissemos no início, a investigação dos possíveis riscos não se limita apenas ao futuro, podendo estender-se também aos acontecimentos passados, que guardam informações importantes, porém desconhecidas, referentes à história do sujeito. As pesquisas sobre o DNA têm gerado uma série de novos dados sobre fatos que já aconteceram mas que, até o momento, não puderam ser esclarecidos. É o caso, por exemplo, de dúvidas sobre a paternidade. Por meio da investigação de dados históricos e da análise de materiais genéticos é possível identificar, com uma ampla margem de segurança, um pai biológico.[8] Nesses casos, o corpo ganha mais visibilidade e passa a testemunhar, ele mesmo, sobre os acontecimentos do passado visando a produzir efeitos no presente e no futuro.

---

8 Os testes de reconhecimento de paternidade por intermédio do DNA foram viabilizados no Brasil no final da década de 1980.

Essa tecnologia, apesar de sofisticada, não é restrita apenas àquela seleta parcela da população que teria acesso informacional e financeiro ao exame. Atualmente, os testes de DNA são mais populares do que se pensa. Alguns programas da TV aberta vasculham a vida de pessoas famosas para encontrar algum fato passado comprometedor (como, por exemplo, uma aventura amorosa que tenha resultado no nascimento de um filho), que será exposto e polemizado com os espectadores. Nesse caso, tais programas exercem forte pressão, apoiados pela opinião pública, para que os testes sejam realizados, difundindo entre a população (independentemente de suas condições socioeconômicas) o conhecimento relativo à existência e à eficiência dessa tecnologia.

Mas essas investigações são extensivas também a pessoas desconhecidas. Nesse caso, as emissoras assumem todas as despesas relacionadas aos testes e buscam, com isso, atingir um aumento nos seus índices de audiência. Assim, o acesso à informação, e mesmo ao teste propriamente dito, é facilitado por diferentes vias.

Os exames de DNA criam ainda outras possibilidades de investigação de acontecimentos passados. Eles também estão sendo utilizados em investigações policiais para verificar a participação de suspeitos em crimes cuja autoria ainda não foi esclarecida. Aqui, os menores vestígios do corpo do suspeito são utilizados como provas. Trata-se de amostras de sangue, material orgânico (como cabelos, pelos, saliva, sêmen e pele), além de impressões digitais que porventura tenham ficado no local do crime. Assim, as pesquisas sobre o DNA e a operacionalização de seus resultados representam um avanço tecnológico indispensável para a aceleração e conclusão de inquéritos judiciais.[9] Nesse caso, também é possível notar que o controle de riscos mantém uma articulação direta com a vigilância disseminada,

---

9 No estado do Rio de Janeiro começou a funcionar, em janeiro de 2005, um laboratório de análise de material genético, administrado pelo Governo Federal, com intuito de agilizar os exames, torná-los mais acessíveis à população carente e diminuir o tempo gasto para a conclusão de inquéritos judiciais.

formando uma aliança que favorece cada vez mais a ação do poder policial.

À medida que esse tipo de controle começa a contar com a participação efetiva da população, que passa a considerar essas estratégias indispensáveis para a manutenção da existência, fica mais difícil aceitar os limites e a finitude que são próprios da vida. Mas a questão torna-se ainda mais difícil quando é a própria vida que fica reduzida a um mínimo de experimentação com o objetivo de ser conservada por mais tempo. Aqui, corre-se outro tipo de risco: o de que a vida, como variação, intensificação e devir, seja impossibilitada em nome da conservação. A gestão dos riscos ganha importância tal que, diante da proximidade com os limites e com a morte, estes são tidos como inaceitáveis e precisam ser amplamente combatidos.

Entretanto, intervir técnica, tecnológica e cientificamente para fazer que a vida tenha uma duração cada vez maior conduz a um questionamento: afinal, de qual vida estamos falando? Chegamos, assim, a um dos campos mais complexos do biopoder, que envolve uma discussão tensa e praticamente impossível de ser concluída: o limite entre a vida e a morte. Em um tempo histórico no qual a conservação e o aprimoramento da existência estão no centro da governabilidade, da economia, das pesquisas científicas, bem como das expectativas da população, torna-se uma missão complicada lidar com aquela parcela de sujeitos cujo sofrimento físico se sobrepôs ao sentido de continuar vivo e para os quais a morte passa a ser a saída desejada. A eutanásia é considerada um crime na maior parte dos países do mundo. Além de ser polêmica, a discussão sobre sua prática é rodeada por um silêncio difícil de ser quebrado tanto nos meios médico e jurídico quanto no âmbito da opinião pública.

A Holanda foi o primeiro país do mundo a legalizar a eutanásia, em 2001 ("Pioneirismo contestado", 2001). Uma das preocupações surgidas na época acerca dessa prática era que ela chamasse a atenção do resto do mundo de modo tão intenso a ponto de provocar um efeito de "turismo da morte", atraindo para esse país um grande número de doentes terminais que quisessem acelerar a própria morte de maneira legal e assistida.

O fato de essa discussão ser tão evitada é um indício da dificuldade, própria da contemporaneidade, em lidar com a autonomia do sujeito levada às últimas consequências, ou seja, a decisão de extinguir-se. Digo da contemporaneidade pois nesse tempo histórico as possibilidades de manter um corpo vivo por mais tempo vêm sendo significativamente ampliadas.[10] Em nome da continuidade da vida (que, na maior parte dos casos, acaba sendo decidida por outrem: profissionais de saúde, juristas ou mesmo a opinião pública), o exercício do controle de riscos torna-se mais recorrente. Diversas vidas são mantidas com o auxílio de máquinas, procedimentos médicos e medicamentos que adiam a morte. Sem eles, a existência não se sustentaria por si só. Sobre isso, Norbert Elias (2001, p. 103) questiona:

> O que fazer se sabemos que uma pessoa preferiria morrer em casa a morrer no hospital, e se também sabemos que em casa ela morrerá mais rapidamente? Mas talvez seja exatamente isso o que ela quer. Talvez não seja supérfluo dizer que o cuidado com as pessoas às vezes fica muito defasado em relação ao cuidado com seus órgãos.

No Brasil, as discussões sobre a manutenção do corpo vivo, ainda que em sofrimento, ou sobre a morte cerebral encontram-se, no que diz respeito à legalidade, praticamente estacionadas.[11]

---

10 Em 1900, um recém-nascido no Brasil tinha uma expectativa de vida de 33 anos. Segundo dados do IBGE, referentes ao ano de 2007, esse número aumentou para 72,5 anos.

11 Em 1996 foi elaborado um projeto de lei a esse respeito no Senado Federal. Esse projeto chegou a ser debatido, mas, com o passar do tempo, a proposta perdeu a validade. No estado de São Paulo existe uma lei que garante ao paciente a decisão sobre a continuidade ou não de tratamentos dolorosos, bem como a decisão sobre o local onde deseja morrer, determinando se quer permanecer hospitalizado ou ir para casa. O caso da norte-americana Terri Schiavo (2005) mobilizou discussões na mídia sobre a eutanásia que ganharam amplitude mundial. Mas, após sua morte, a discussão perdeu espaço.

Apesar disso, já é possível encontrar depoimentos de médicos relatando que a eutanásia é uma prática mais comum do que se pensa nas UTIs de hospitais brasileiros (Collucci *et al.*, 2005). Pode-se dizer, então, que a opção autônoma pela morte faz frente ao biopoder. E, segundo Foucault (1999b, p. 296), em uma organização biopolítica, a morte é "o momento em que o indivíduo escapa a qualquer poder". Assim, desejar o próprio extermínio pode configurar-se como uma forma de resistência ao forte imperativo "fazer viver", que, como vimos no início do capítulo, tem sido cada vez mais difundido em nosso tempo histórico.

A situação fica ainda mais delicada quando a dimensão médica é atravessada por investimentos financeiros feitos por pessoas que consideram a comercialização da continuidade da existência um negócio promissor. Segundo essa perspectiva, que trata a vida como uma fonte de investimento financeiro, o corpo pode ser patenteado (por exemplo, o código genético) ou administrado (pelos planos de saúde e seguros de vida).

Entretanto, certos tratamentos não são acessíveis a toda e qualquer pessoa. Em larga medida, somente aqueles que possuem condições financeiras compatíveis com os custos têm acesso a esses serviços. Trata-se de prolongar a vida de alguns, que são financeiramente selecionados e que, dessa forma, têm acesso aos tratamentos e podem ser mantidos vivos a qualquer custo. Sant'Anna (2001, p. 81) assinala:

> Transformados em equivalentes gerais de riqueza, células, órgãos, genes, embriões, corpos humanos e não humanos geram lucros exorbitantes quando servem ao utilitarismo biotecnológico, segundo o qual tudo deve convergir rumo ao sacrossanto mercado.

Sabe-se que o objetivo central do capitalismo envolve a produção e o acúmulo de riqueza. Se o cuidado com a saúde, em nosso tempo histórico, configura-se como um campo promissor para que esse objetivo seja alcançado, também aí sua atuação é expandida.

Trata-se de um cenário complexo, que produz novas possibilidades de exploração econômica da vida e, ao mesmo tempo, amplia o leque de recursos e de conhecimentos voltados para a diminuição do sofrimento humano. E essa mesma tendência abriu espaço para novas conquistas e experimentações que, por sua vez, lançaram o homem na "aventura de autocriação que sustenta a nossa espécie" (Lévy, 1996, p. 27). O corpo, que aos poucos pode ser visualizado e examinado em dimensões outrora imperceptíveis, tendo seus diferentes fluxos rastreados e, em alguma medida, controlados, é cada vez mais reconhecido como uma matéria viva e dinâmica que pode vir a ser reinventada e transformada com o auxílio de máquinas, próteses, transplantes e pela reprodução de suas células (como nas pesquisas sobre células-tronco). De qualquer maneira, é possível dizer que a diversidade de pesquisas e intervenções que objetivam sofisticar e fazer avançar o controle de riscos nos remete a uma capacidade quase inesgotável de invenção e de exploração do corpo humano em relação aos múltiplos sinais por ele emitidos.

Ainda no que diz respeito às pesquisas médicas, é importante considerar que as formas de controle aí engendradas incidem sobre os fluxos já minuciosamente conhecidos, ou seja, sobre moléculas, células, vírus, substâncias químicas específicas que já foram detectados, examinados e categorizados pelos cientistas. Assim, ao solicitar um exame como procedimento investigativo, o médico já sabe o que deve procurar para confirmar ou refutar um diagnóstico. Mas o corpo, como uma matéria viva e mutável, comporta dimensões que escapam a esse esquadrinhamento. Precisamente essa dimensão desconhecida faz as pesquisas avançarem, pois há sempre algo que foge a um poder representativo e, portanto, a seu controle, abrindo espaço para novas pesquisas e descobertas.

Lidar com o novo, na ciência, é estar atento àquilo que emerge como estranho em um campo parcialmente codificado. Desse modo, o desconhecimento e a indeterminação garantem o contato do pesquisador com aqueles combinatórios cegos e aleatórios que perturbam os sistemas já conhecidos. Isso exigirá do cientista um trabalho minucioso envolvendo muita atenção aos sinais do organismo, obrigando-o a pensar e a problematizar aqueles fluxos que se desviam da estrutura e fogem dela. A ciência trabalha na vizinhança dos devires do corpo e, portanto, com a radical complexidade da vida. Em relação a isso, Sant'Anna (2001, p. 79) considera ainda a necessidade de reconhecer "que o corpo não cessa de ser redescoberto, ao mesmo tempo que nunca é totalmente revelado".

Mas existem ainda aquelas dimensões do controle de riscos que não passam pelo corpo e que, portanto, não podem ser identificadas exclusivamente pelo biopoder. Nesse campo está toda a área econômica e sua busca constante pela manutenção e crescimento dos bens.

Esse tipo de controle está presente principalmente nos serviços prestados por seguradoras. Nesse caso, prevalece a lógica da equivalência geral, ou seja, o foco não está em eliminar o risco, mas em identificá-lo, categorizá-lo, mensurá-lo e definir parâmetros para compensá-lo economicamente. Os serviços prestados por uma seguradora são oferecidos apenas para aqueles que compartilham a ideia de que o risco faz parte do cotidiano e, por isso mesmo, estão dispostos a realizar uma espécie de "aposta" nele.

Quando uma pessoa opta por fazer um seguro para seu veículo, por exemplo, ela já está considerando a possibilidade do roubo ou do dano que poderá vir a sofrer. O chamado "manual do segurado", que é distribuído aos clientes no ato do contrato, traz um amplo estudo sobre os riscos e as coberturas oferecidas, esclarecendo ao consumidor a abrangência do serviço que foi contratado e as providências a serem tomadas em diferentes situações. É interessante notar nesses manuais o grande esforço, por parte das seguradoras, para identificar e descrever minuciosamente as situações nas quais o cliente está "protegido". Tudo isso para evitar solicitações de serviços que não foram previamente contratados. Assim, se uma situação adversa é concretizada, o cliente poderá ser compensado por um aporte financeiro compatível com o valor antecipadamente pago. Cabe ao segurador "assumir" o prejuízo do cliente.

Outro tipo de seguro pode ser encontrado nas empresas ligadas à área jurídica. Tendo como clientes profissionais liberais de diferentes especialidades, tais seguradoras oferecem planos de assistência jurídica caso eles tenham de responder por algum ato considerado ilegal, praticado no cotidiano de trabalho. Assim como os planos de saúde, essa prestação de serviços funciona graças à cobrança de mensalidades de seus associados, que, sendo acionados na justiça por pacientes ou clientes, têm suas despesas com advogados especializados já cobertas. Grande parte dos profissionais que recorrem a esses serviços está ligada à área da saúde, muito suscetível a ações na justiça por erro médico. Aqui, não se trata diretamente da manutenção de um bem, mas da própria carreira profissional, que precisa ser preservada e ocasionalmente defendida.

Empresas, de maneira geral, também apostam nessa estratégia para contornar alguns riscos indesejados. Nesse setor, as possibilidades são diversas: planos de saúde para funcionários, seguro do patrimônio e seguros de vida. Nota-se que a aposta no adverso ganha proporções tais que já é possível contratar os serviços de seguradoras que cobrem as despesas geradas por roubos ocorridos no local, efetuados pelos próprios funcionários. Ou seja, a empresa já sabe que o roubo é inevitável e, para não ter de lidar diretamente com essa situação ou se indispor com sua equipe de trabalho, o prejuízo já é contabilizado mensalmente no pagamento do seguro, sendo considerado um gasto de produção – que, é claro, será incorporado ao preço final do produto.

A economia, de maneira geral, está ancorada nesse tipo de previsão. Lidando cotidianamente com as variações entre perdas e ganhos, as negociações financeiras trabalham com tendências e, em muitos momentos, é comum que se recorra às especulações.

Isso fica muito evidente no chamado "risco Brasil". Ele consiste em uma pesquisa que mensura a margem de segurança, para os países investidores, referente à estabilidade da política econômica nacional. Qualquer evento político ou econômico inesperado pode modificar esse tipo de indicador de investimento, trazendo repercussões para a economia nacional e, dependendo das proporções e do país, também em escala mundial.

Até aqui pudemos constatar que todo esse investimento na conservação da qualidade de vida e na preservação dos bens não necessariamente é acompanhado de uma preocupação efetiva com as possibilidades intensivas de viver hoje. Voltar-se para o futuro tem como objetivo preservar, o máximo possível, as condições de vida que foram alcançadas até o momento. E, no que diz respeito ao inevitável, recorre-se à compensação econômica da perda. A problemática que essa linha do dispositivo nos traz faz que nos coloquemos diante de novas possibilidades de invenção quanto ao corpo, às relações e à vida. Mas justamente essas novas possibilidades, assim como as formas de controle que as acompanham, podem levar-nos a situações que tomam contornos autoritários e intoleráveis, disseminando a ideia de que é possível manter distância daquelas dimensões marcadas pelo acaso, perda, dor, limite e finitude, que também caracterizam a vida.

Debruçando sobre esse tecido complexo de controle, passaremos, em seguida, a investigar as maneiras como o sujeito é atravessado pelas diferentes situações descritas até agora, acolhendo-as. Trata-se de uma construção na qual as diferentes linhas do dispositivo se cruzam e produzem efeitos que, como veremos, vão muito além das possibilidades de controle. Assim, ao mesmo tempo que a vida é atravessada pelos dispositivos, ela também é irredutível a eles, permanecendo aberta à ação do acaso e do inusitado.

PARTE II

RESISTÊNCIA E PODER

5
CRUZANDO AS LINHAS

Nas descrições dos três capítulos anteriores, vimos que os dispositivos de controle presentes no cotidiano podem assumir diferentes configurações. Essas configurações, assim que atingem o meio social, podem ser apropriadas subjetivamente e, com isso, passam a compor modos singulares de viver e se relacionar com o mundo. Para compreender como acontece essa apropriação, partimos de uma concepção de subjetividade que, segundo Félix Guattari (Guattari e Rolnik, 1996, p. 31), "é essencialmente fabricada e modelada no registro do social". A vida social comporta diferentes relações que se estabelecem entre os homens, a natureza, a história, o mundo e tudo aquilo que é inventado nesses encontros. Assim, à medida que vive, o homem se envolve em uma rede de contatos que se desdobra em uma vasta produção cultural. Uma vez compartilhada, essa produção pode vir a ser "assumida e vivida por indivíduos em suas existências particulares" (Guattari e Rolnik, 1996, p. 33), fazendo que a vida em sociedade seja um empreendimento vivo e mutante. É por meio dessa construção que cada sujeito consegue se reconhecer em determinado grupo social, falar em nome próprio e se posicionar politicamente diante dos acontecimentos. Podemos dizer, então, que a sociedade abarca uma multiplicidade de sujeitos, ao passo que estes se constituem por meio de processos de subjetivação imanentes ao social.

As subjetividades são sempre multicomponenciais. Os componentes que participam desses processos difundem-se em fluxos que percorrem o meio social, incorporando-se às diferentes formas de viver assumidas pelo sujeito no decorrer da vida. Existem os fluxos de informações, objetos, ideias, valores, afetos e normas, que circulam e funcionam como verdadeiras matérias-primas para essa construção. Nesse sentido, Guattari (Guattari e Rolnik, 1996, p. 34) assinala ainda que a produção do sujeito se opera "na encruzilhada de múltiplos componentes de subjetividade".

Para compreender, ao menos parcialmente, como essa complexa produção acontece em uma sociedade caracterizada pelo controle, fizemos, nos capítulos anteriores, o mapeamento de três feixes de linhas, o que nos possibilitou investigar a intensidade com que esse complexo dispositivo atravessa a vida e participa da produção de subjetividades. Seguindo a ideia de Deleuze (1996, p. 84), que diz "é preciso instalarmo-nos sobre as próprias linhas" para investigar um dispositivo, verificamos quanto cada uma delas é móvel, capaz de se conectar e cruzar com as demais em um movimento constante de fuga e transformação. Com isso, as linhas podem ser estendidas ou rompidas, criadas ou destruídas a cada novo embate, produzindo variações e modulações nos modos de viver assumidos por cada um. O que temos como diferencial nesse momento histórico, então, é um movimento vivo de cruzamentos, de trocas e de afetações, que, de maneira mais acelerada, possibilita a constituição mutante do sujeito e do outro.

Porém, dizer que a constituição do sujeito é indissociada do meio social e do tempo histórico em que ele vive nos conduz ao desafio de compreender *como* essa constituição ocorre. Isso porque os diversos componentes de subjetivação que circulam nesse campo social compartilhado podem ou não afetar o sujeito a ponto de convocá-lo a criar modos singulares de se apropriar dos dispositivos. Essa afetação pode acontecer em uma simples conversa com um vizinho, na qual valores são expostos e debatidos informalmente, ou no contato com informações provenientes de pesquisas científicas cujos resultados são disseminados pelos meios de comunicação. Assim, ainda que compartilhemos o mesmo meio social e os componentes de subjetivação nele circulantes, cada sujeito é capaz de se diferenciar de si mesmo e dos outros ao longo do tempo, questionando e problematizando aquilo com que defronta e produzindo, com isso, linhas de subjetivação variáveis e diversificadas. Tais variações não são necessariamente evidentes e conscientes. Grande parte delas mantém-se em uma espécie de zona desconhecida justamente por não ser apreendida de imediato pela consciência. Podemos dizer, então, que os devires, como mutações, ocorrem como processos inconscientes. E, segundo Deleuze e Guattari (1995, p. 28), a questão está em *"produzir inconsciente e, com ele, novos enunciados, outros desejos"* que façam a vida variar, ampliando suas possibilidades de conexão com o mundo. Portanto, os devires não advêm de um fundo desconhecido e pouco acessível, mas do contato com acontecimentos que, ao atravessar a vida, intensificam os afetos e provocam transformações. Cabe dizer que os desdobramentos dessa passagem nem sempre podem ser imediatamente identificados.

Com isso, cada produção desejante comporta um grau significativo de imprevisibilidade, uma vez que o humano nunca dispõe de uma resposta padronizada para aquilo que lhe advém abruptamente. É próprio do homem *hesitar* nas maneiras de agir, de reagir ou simplesmente desconsiderar aquilo com que ele entra em contato a cada instante. E, diante das múltiplas possibilidades que atravessam cada encontro, não é possível saber com antecedência como determinado sujeito experimentará os diferentes acontecimentos. Desconhecemos essa potência de antemão, pois só temos consciência dela pelos seus efeitos, conforme são produzidos. Precisamente essa dimensão de indeterminação, de hesitação diante dos acontecimentos, é o que nos remete ao ser humano como alguém cujo movimento de abertura ou de fechamento para os encontros está exposto a um embate de forças imprevisível e, por isso mesmo, dificilmente controlável.

Então, como é possível compreender a produção do sujeito quando ele está em contato com esses dispositivos de controle contemporâneos? Deleuze (2001), remetendo-se a David Hume, diz que o sujeito se constitui empiricamente em meio aos dados, ou seja, ele se constitui no contato com as diferentes condições que se lhe apresentam a cada instante de sua vida e que o convocam a pensar, a problematizar e a apreciar o que ocorre ao seu redor. Com esse contato, o sujeito vai produzindo "uma coleção de impressões e de imagens, um conjunto de percepções" (Deleuze, 2001, p. 95) sobre si mesmo e sobre os outros, independentemente do que esses outros possam ser: pessoas, natureza, leis, acontecimentos, cultura. Pode-se dizer, então, que graças a cada um dos encontros intensivos vividos temos acesso ao processo constituinte do sujeito e à potência de afetação do seu corpo.

A maneira como essa afetação acontecerá é sempre diferenciada e imprevisível, pois, como já dissemos, cada sujeito experimenta graus distintos de potência, tanto para afetar como para ser afetado. Desse modo, os graus de potência de um indivíduo não estão nele determinados de maneira definitiva. Eles podem aumentar ou diminuir dependendo dos encontros vividos por esse corpo.

Mas ainda é preciso dar um passo adiante e considerar, novamente com Deleuze, que o processo de constituição do sujeito não se restringe a uma experiência geral de contato com os dados. Ele também é capaz de *ir além dos dados* à medida que produz sentidos singulares para cada experiência. Com isso, nenhum dado é portador de um sentido que lhe seja próprio e que permaneça nele fixado infinitamente, como se tivesse uma essência. Temos aí uma experiência que de fato é viva e por intermédio da qual o sujeito "é o único a estabelecer as relações" (Deleuze, 2001, p. 110) entre ideias e acontecimentos. Baseado nessas relações, ele pode ou não se inscrever nas diferentes linhas dos dispositivos que atravessam a vida em sociedade, incluindo os de controle. Assim, ir além dos dados, ultrapassar os dados, significa ser capaz de atentar "a certas ideias mais do que a outras" (p. 143), ser tomado por certas sensações mais do que por outras, envolver-se com certas situações mais do que com outras. E essa capacidade de acolher e problematizar cada uma das experiências vividas pode ser compreendida como a própria produção de subjetividade.

Mas vale lembrar que, por vezes, somos surpreendidos por acontecimentos para os quais não temos nenhum tipo de referência que dê conta de interpretá-los ou de absorvê-los rapidamente. Nesse caso, as experiências vividas quase como um "susto" podem desestabilizar certa imagem que tínhamos de nós mesmos até aquele momento. Diante dessa desorganização, provocada pela passagem abrupta e intensiva dos acontecimentos, é precisamente certa imagem de si, que também pode ser entendida como uma composição provisória de forças, que se desorganiza. Quando isso acontece, aqueles componentes que serviam até então como referência e ajudavam o sujeito a se organizar em uma representação mais conhecida de si mesmo são parcialmente atacados ou sofrem um esvaziamento de sentido. Dependendo da intensidade vivida nesse contato, "instaura-se [...] na subjetividade uma crise que pressiona, causa assombro, dá vertigem" (Rolnik, 2003).

Desse modo, ao entrar em contato com situações novas e desorganizadoras, o sujeito afetado é praticamente *forçado* a questionar e a tentar compreender aquela experiência desprovida de um sentido pronto. A erupção de acontecimentos e sua intensificação podem levá-lo a realizar ações que até então ele não se julgava capaz de efetuar. Nota-se que existe toda uma dimensão exploratória que pode vir a ser ativada diante da indeterminação e da ausência de sentido prévio que explique os acontecimentos. Diante disso, Deleuze (2001, p. 95) assinala que o "dado já não é dado ao sujeito; este se constitui no dado", acionando as forças que nele são atuantes, como as capacidades de associar, comparar, agrupar, selecionar, organizar e atribuir valor. Essa produção de sentidos orienta, em larga medida, suas ações no mundo.

Pode-se dizer ainda que, quando os acontecimentos são vividos de maneira muito violenta, a sensação de morte emerge com força tal que, dependendo das circunstâncias, pode distanciar o sujeito das possibilidades de acolhimento ou elaboração da experiência. Nesse caso, o medo[1] pode sobrepor-se como um componente de subjetivação dominante que se desdobra em desorganização, descontrole, sensação de fracasso, ameaça e risco. Isso, de certa maneira, restringe ou até mesmo bloqueia o contato do sujeito com os novos dados, que, precisamente por serem inéditos e até então desconhecidos, tornam mais evidente sua vulnerabilidade ao risco de mortes parciais (dos projetos) ou da morte definitiva (do corpo). E tudo isso modifica a potência de afetação do corpo diante de um mundo que pode passar a ser visto como ameaçador.

A possibilidade de experimentar os acontecimentos e seus diferentes desdobramentos no que diz respeito às relações cotidianas, incluindo aí a desorganização de uma forma de viver conhecida, está diretamente ligada àquilo que Alfredo Naffah Neto (1998, p. 61), referindo-se a Friedrich Nietzsche, chama de "envergadura interior". Ela pode ser compreendida como a ampliação do leque de afetos passíveis de serem acolhidos, vividos e digeridos pelo sujeito durante sua existência. Ao acolher tais afetos, o sujeito tem a chance de transitar por diferentes situações e modos de agir. Trata-se de uma atividade constituinte de si que não dá trégua e que, por isso mesmo, coloca o sujeito em contato mais direto com as transformações que se processam na relação consigo mesmo e com o outro.

---

1 Que, como bem considerou Espinosa, consiste em uma paixão triste que diminui a potência de ação.

Naffah (1998, p. 61) ainda assinala que a envergadura "vai se ampliando na medida em que vai aumentando a capacidade de o sujeito acolher e viver a morte como parte integrante da vida". As dimensões de morte e vida consideradas ajudam a compreender que certo modo de existir, com o qual o sujeito porventura esteja acostumado, pode sofrer uma defasagem em relação aos novos dados e às novas experiências que emergem ao acaso. Esse devir pode ser precipitado "por qualquer coisa, a mais inesperada, a mais insignificante" (Deleuze e Guattari, 1997, p. 89). Quando o acolhimento dessa passagem entre morte e vida está bloqueado ou restrito, o sujeito tende a persistir em um modo mais "endurecido" de se relacionar com o mundo, o que, de certa maneira, diminui seu grau de potência para percorrer os afetos que emergem a cada novo encontro.

Por isso mesmo, a envergadura não é algo que se possua de maneira perene. Ao contrário, ela poderá vir a ser criada a cada nova circunstância em razão das necessidades e das forças que nela estão colocadas. Assim, não existe garantia nenhuma de sua permanência ou a possibilidade rápida de generalizar uma resposta que seja satisfatória para outras situações. Tem-se aí um regime de variação contínua da força de existir e da potência de agir que diferencia os homens entre si, mas que, principalmente, os diferencia em relação a si mesmos. E, para Deleuze (1997, p. 159), essa variação se dá "segundo uma ordem que é a do Acaso ou do encontro fortuito entre os corpos".

Seguindo nessa perspectiva, podemos considerar também que nenhuma concepção de mundo ou de valor pode ser completamente imposta a alguém, seja por meio de regras rígidas, de dispositivos sofisticados de controle ou de dominação. Toda e qualquer experiência vivida, por mais limítrofe, autoritária ou restritiva que seja, conta necessariamente com diferentes graus de participação do sujeito. Ele comparece nos encontros por meio de um corpo afetável, capaz de produzir sentidos, associações e ações os mais imprevisíveis perante aquilo que foi vivido.

Em outras palavras, o sujeito, tal como estudado por Deleuze, é constituído por relações associativas em meio aos dados de sua experiência. Mas essas relações, que são sempre produzidas de maneira singular, não se reduzem a meros reflexos condicionados ou incondicionados. São relações mais complexas que, segundo Deleuze, podem "mudar sem que os termos mudem" (Deleuze e Parnet, 1998, p. 69).

Assim, quando analisamos o cruzamento das linhas dos dispositivos de controle e suas reverberações na produção de subjetividades, estamos diante de práticas que não se esgotam na consolidação de uma identidade (como pode ser visto mais frequentemente na sociedade disciplinar) nem se resumem a uma relação de mera passividade e obediência. A participação do sujeito, como um coprodutor de sentidos para as experiências vividas, introduz diferentes graus de tensão e de imprevisibilidade nas relações. E precisamente isso fará que algo sempre escape ao controle, tornando sua absolutização impossível.

Portanto, em todo encontro intensivo, ocorrem distribuições contínuas de poderes que podem revirar e transformar a correlação de forças que se afirmava em dado momento. E aqui podemos retomar a fala de Foucault (2004, p. 276), quando diz que as "relações de poder são móveis, ou seja, podem se modificar, não são dadas de uma vez por todas".

Essa mobilidade pode ser mais bem compreendida quando recorremos a um breve exemplo das possíveis maneiras como o sujeito pode se inscrever em uma linha do dispositivo: ao ligar para o Disque-Denúncia, o sujeito, tomado pelo medo e pela intolerância diante de uma situação de violência observada ou vivida, atribui a si a função de vigilante, que, como vimos, faz parte do dispositivo de controle. Fazendo a denúncia, ele constrói uma funcionalidade singular para os afetos que o atravessaram naquele momento, sendo a sua disposição para agir um dos principais combustíveis para fortalecer o controle. Dessa maneira, a denúncia não é simplesmente imposta como uma obrigação formal. Diante dos afetos experimentados, o sujeito pode conectar-se a esse dispositivo, atualizando e assumindo a delação como algo de sua responsabilidade. Vemos o sujeito inscrever-se, quase por conta própria, nessa espécie de máquina que produz vigilância.

As maneiras como essa inscrição acontece são tão indeterminadas e complexas que, diante dessa mesma situação de medo e/ou intolerância à violência, os desfechos podem ser completamente diferentes do que foi relatado anteriormente, incluindo a total indiferença. É precisamente essa ampla margem de ações imprevisíveis, em que o sujeito se conecta de forma singular às máquinas de controle, que nos remete ao movimento de redistribuição contínua de poderes.

Ao considerarmos essa dimensão de imprevisibilidade presente em todo e qualquer encontro, constatamos que o exercício empírico de contato com os dados pode ser elevado a um grau de potência, criação e sensibilidade maior do que poderia vislumbrar aquela imagem de si, organizada em um "eu". Por isso mesmo, ao viver situações inusitadas, muitas vezes o sujeito se surpreende com a potência do corpo que se mantém, em larga medida, desconhecida.[2]

Entramos em uma especificidade da produção de subjetividade: aquilo que poderíamos considerar uma interioridade, um "eu" por intermédio do qual nos reconhecemos com uma história particular de vida, é precisamente a melodia mutante de composições provisórias e singulares de parte dos componentes de subjetivação. Ao falar em nome próprio, o sujeito está se reportando a certa composição de si, que, por sua vez, pode persistir por um tempo significativo, dando a sensação de permanência e de continuidade desse "eu". No entanto, apesar de essa estabilidade servir como referência que organiza a vida

---

2 Aqui, lembramo-nos de Espinosa (1983, p. 178), quando diz: "Ninguém, na verdade, até o presente, determinou o que pode o corpo".

128 SONIA REGINA VARGAS MANSANO

historicamente, ela será sempre precária, uma vez que corre o risco de ser surpreendida por novos encontros ou acontecimentos que tenderão a transformá-la.

Gilbert Simondon (2003, p. 102) diz que para "pensar a individuação é necessário considerar o ser, não como substância, matéria ou forma, mas como sistema tenso, supersaturado, acima do nível da unidade". Segundo essa perspectiva, a individuação se caracteriza por um processo de produção de si que não se esgota em uma unidade constante ou absoluta, pois, como movimento, ela envolverá uma "uma sequência indefinida de individuações sucessivas" (p. 106). Trata-se de uma atividade constituinte de si que, a cada momento, compõe-se diferentemente, dando movimento à produção dos diferentes modos de viver, que podem tanto se alternar quanto coexistir. Como o sujeito é constituído propriamente desses embates, perguntar pelo "eu" leva a uma multiplicidade de combinações que não admite uma resposta definitiva.

Assim, os processos de subjetivação compreendem um exercício empírico pelo qual o sujeito entra em contato com diferentes microacontecimentos. Mas Deleuze dá um passo adiante em relação a Simondon ao considerar que os movimentos de ruptura e de variação nos modos de subjetivação são gerados quando tais acontecimentos são *vividos intensivamente*. Com isso, não temos um sujeito único e indivisível, mas uma sucessão de composições que se modificam no decorrer de sua vida e, *por intensificação dos afetos* experimentados em cada encontro, introduzem rupturas que o fazem devir outro. Nas palavras de Deleuze (2006, p. 120), trata-se de uma "individuação por intensidade". Portanto, pode-se dizer que, quanto mais intensivos forem os encontros vividos por um sujeito, mais decisivos serão.

Nessa perspectiva, Deleuze (2001, p. 127) ainda acrescenta que "a subjetividade é um processo" e que, para saber algo sobre sua produção, "é preciso fazer o inventário dos diversos momentos desse processo". Indagar sobre a subjetividade, então, consiste em investigar: Dada uma experiência, quais são as forças que ali atuam? Quais afetos e intensidades são experimentados pelo sujeito? Das conexões vividas, quais aumentam ou diminuem sua potência de ação? Em que medida o sujeito se desorganiza e se envolve com a tarefa de produzir novos sentidos para o que está vivendo? Porém, ainda é necessário considerar que, a cada nova experiência de contato com o mundo, as respostas a essas questões sempre serão diferentes.

Recorrer à cartografia desse processo exige um exercício fino e sensível, atento à maneira como acontecem os encontros e às diferentes afetações neles experimentadas. Só assim é possível cartografar, ainda que parcialmente, os componentes de subjetivação acionados e assumidos pelo sujeito em cada situação, bem como a funcionalidade singular que ele constrói para as experiências a cada novo cruzamento das linhas.

É exatamente isso que faremos no próximo capítulo: partindo da ideia de que existem diversos componentes de subjetivação que estão em circulação no meio social e que podem vir a ser assumidos singularmente pelo sujeito, vamos acompanhar a história de Ester, que, em dado momento da vida, foi surpreendida por um acontecimento inusitado: um sequestro. Será possível perceber nesse relato que, ao entrar em contato com os dados dessa experiência limítrofe e com suas intensificações, Ester foi aos poucos sendo convocada a produzir sentidos singulares para o vivido e a se conectar de maneira muito própria a uma parte dos dispositivos de controle.

6

O SEQUESTRO E O CONTROLE

O sequestro é uma modalidade de crime cuja frequência tem crescido muito na contemporaneidade. Ele pode ser caracterizado por uma forma de controle da vida do indivíduo capturado que se pretende absoluta, envolvendo um estado de dominação em que o sequestrado fica quase totalmente à mercê do sequestrador no que se refere às suas necessidades vitais e também à restrição da sua liberdade. A libertação do sequestrado é negociada, na maioria das vezes, em troca de dinheiro, de benefícios ou da libertação de outras pessoas.

Dentre as práticas criminosas violentas, o sequestro destaca-se neste momento histórico por evidenciar tanto a vulnerabilidade dos dispositivos de controle produzidos para proteger a população como a utilização desses mesmos dispositivos – ampliados, reformulados e sofisticados – em favor do crime. Assim, encontramos nesse tipo de situação a oportunidade de estudar como se produz uma máquina de controle e dominação revertida para o crime.

Obviamente, há uma excepcionalidade na situação de sequestro, visto que a quantidade de pessoas que passa por esse tipo de experiência é ínfima quando analisada em escala populacional. Entretanto, percebe-se que, diante das notícias, das imagens ou dos relatos das vítimas, amplamente divulgados pelos meios de comunicação, o medo de experimentar esse tipo de restrição violenta da liberdade passa a fazer parte da vida do indivíduo comum. É curioso notar que o estado de medo independe da classe social e das reais possibilidades de o indivíduo sofrer esse tipo de crime. Assim, apesar de ser eventual, o contato com a notícia acerca de uma experiência violenta como o sequestro configura-se como uma ameaça iminente que é reativada nas discussões e nos encontros sociais de pessoas comuns. Então questionamos: como se processa essa exacerbação do medo?

Nos capítulos descritivos evidenciamos em diversos momentos que, na sociedade de controle, o temor está por toda parte e toma as mais diversas configurações. Pode-se dizer até mesmo que o medo tornou-se um componente de subjetivação compartilhado que se faz presente na vida da população em geral, incluindo aquela parcela que vive nas periferias dos centros urbanos, para onde geralmente os sequestradores levam suas vítimas, instalando ali os cativeiros.

A mídia não cessa de relatar esse tipo de situação, dando destaque às imagens e aos depoimentos de terror oferecidos pelas vítimas. A cobertura midiática da descoberta e da invasão de cativeiros produz impactos subjetivos intensos diante dos quais o indivíduo comum tem grande chance de identificar-se com a vítima, independentemente das possibilidades reais de passar por esse tipo de experiência.

O que chama atenção, portanto, é esse medo generalizado que afeta a população. O tom de ameaça, a disseminação do medo e, em especial, a incitação da indústria da segurança – no sentido de incentivar a aquisição de equipamentos de vigilância, muitas vezes valendo-se, nas campanhas publicitárias, da divulgação de dados que reafirmam as situações de risco – tendem a produzir uma adesão maciça aos dispositivos de controle tecnológicos e humanos por ela disponibilizados. Percebe-se que nesse contexto os três feixes de linhas anteriormente analisados se cruzam: a *vigilância* realizada pelo cidadão comum é disseminada por variados contextos, incluindo aí as mínimas ações da vida privada, a *estimulação* ao consumo de serviços ou equipamentos de segurança cresce e a preocupação com o *controle de riscos* ganha espaço na vida cotidiana e nos encontros sociais em que o tema é tratado regularmente.

Ainda que em muitas ocasiões esse clima de insegurança seja denunciado como resultado de uma fabricação midiática que superinflaciona a sensação de insegurança valendo-se das informações estatísticas sobre crimes, a ameaça e o estado de medo se sobrepõem aos dados fornecidos pela polícia, por vezes desconsiderando-os. Um dos resultados desse empreendimento é a busca permanente por mais e mais segurança, que se retroalimenta e que, de diferentes maneiras, restringe o contato social com aquele que é tido como diferente e que passa a ser tratado como perigoso.

A inibição em frequentar os espaços públicos nos quais as diferenças ganham maior visibilidade pode ser tomada como um índice desse medo crescente. Tanto que esses lugares são cada vez mais submetidos a projetos públicos ou privados de reforma, por vezes denominados "revitalização", e que, na prática, promovem o mapeamento dos fluxos que o atravessam, o monitoramento de seus frequentadores e, em ações mais radicais, a retirada de parte da população das ruas.

Assim, os espaços públicos tornam-se lugares de passagem que pouco admitem, ou que admitem com dificuldade, a permanência de pessoas e grupos. Ao sofrer essa espécie de "higienização" forçada, uma parcela significativa da população é convidada a retirar-se deles e a conformar-se com a periferia, para onde é geralmente encaminhada.

É segundo essa perspectiva mutante que os crimes de violência tão divulgados, como o sequestro, podem ser analisados. Além da restrição da liberdade que caracteriza o sequestro, é possível investigar, nessa circunstância, as variadas maneiras como o sujeito comum é capturado subjetivamente. Existe, por exemplo, aquele que adere ao consumo dos aparatos mercadológicos de controle e que, para custeá-los, precisa investir tempo de trabalho e dinheiro em um projeto de segurança pessoal cada vez mais exigente. Existe também aquele indivíduo que está sequestrado a céu aberto e, temendo os encontros violentos, isola-se em verdadeiras redomas representadas pelos condomínios fechados. Tomado pelo medo, ele tende a percorrer apenas os "circuitos marcados", que devem ser seguidos cotidianamente, visto que proporcionariam uma sensação de familiaridade, de controle sobre os imprevistos e de segurança.

Entretanto, cabe dizer que, paralelamente a todos esses aparatos de controle, diferentes ações de resistência em relação àquilo que incita o medo e o terror se ensaiam. Assim, existe também aquela parcela da população que não se dobra perante as ameaças tão recorrentes dos perigos declarados acerca do espaço urbano e que insiste em ocupar esses lugares, caminhando por eles livremente e, por vezes, cultivando uma atitude distraída e à deriva. São indivíduos anônimos que criam uma relação singularizada com as cidades e com a coletividade. Eles não necessariamente confrontam de maneira direta os dispositivos de controle, apenas os desconsideram, ou nem sequer percebem sua presença, e tendem a ocupar os espaços públicos ora com ações pontuais que agregam a participação de outros indivíduos, ora apenas marcando presença com seu modo singular de experimentar a cidade e expressar afetos, o que por vezes é sentido como incômodo. A divulgação dos riscos e perigos ou os signos de rejeição que lhes são dirigidos cotidianamente não os intimidam. Ao contrário, eles reiteram sua presença, insistindo na ocupação diferenciada de um espaço que é público.

Controle e resistência aparecem, então, entrelaçados e travam batalhas em um mesmo sujeito, que oscila entre a possibilidade de frequentar os lugares comuns e deixar-se afetar pelos encontros fortuitos ou de render-se ao clima de ameaça tão propagado. Esses enfrentamentos atualizam-se em relações de forças que, como Foucault mostrou, são móveis e transitórias.

Tentando dar visibilidade a esse enfrentamento entre as forças, decidimos incluir na discussão a história de Ester. Trata-se de uma mulher de 64 anos, profissional liberal bem-sucedida, que aos 60 anos sofreu um sequestro e foi mantida em cativeiro por cinco dias, entre abril e maio de 2003. A entrevista a seguir foi realizada no dia 23 de maio de 2006, na residência de Ester, que foi convidada a falar livremente de sua experiência.

Ao acompanhar esse relato, talvez possamos compreender as marcas subjetivas que uma ação de violência é capaz de produzir em um corpo e, por ressonância e identificação, em outros corpos que têm contato com esse tipo de notícia.

Além disso, seria necessário fazer um esforço para evitar algumas das "armadilhas" que a disseminação do medo instala. Dentre elas destacamos a construção de uma expectativa idealizada referente à possibilidade de estabelecer uma "segurança total", por meio da qual os dispositivos de controle seriam de eficiência absoluta. Também a tendência de definir, difundir e naturalizar a existência de um tipo humano criminoso que precisa ser combatido a qualquer preço, ainda que isso envolva a restrição "voluntária" da própria liberdade, movida pelo medo. E, por fim, a ideia de que é possível manter um sujeito *totalmente* passivo e subjugado a outro. Como já assinalamos, o sujeito se constitui pelo contato com os dados de uma experiência, sendo que, ao acompanharmos o relato de Ester, veremos que é dentro dela que as possibilidades de resistência vão se desenhando, ainda que a circunstância seja caracterizada por uma relação de sujeição. Mais uma vez, o controle que se pretende absoluto revela seus limites pela emergência de uma resistência capaz de reverter as correlações de forças.

ENTREVISTA

**UM FATO PODE SER CONTADO DE INÚMERAS MANEIRAS,
E EU GOSTARIA DE CONHECER SUA HISTÓRIA.**

Quando eu entrei no terreno da casa[1] e olhei para a casa e o jardim, a primeira sensação que tive naquele dia foi assim: "Ai, que lindo, que lugar tão gostoso". Aí, eu abri a porta de um pequeno hall e estava tentando abrir a porta principal quando eles aparecem furtivamente por trás. Então, foi uma sensação de muito espanto: "Como é que tem dois caras encapuzados, vestidos com roupas amarelas, como se fossem do correio?" [...] Então foi assim, um susto. E daí imediatamente eles me dominaram, sem nenhuma arma, eu não vi nenhuma arma. Mas falando [em tom] bravo, pegando e empurrando, me puseram num banheirinho e me deixaram fechada lá dentro. E acho que a primeira coisa que me espanta hoje em dia é como eu fiquei tão quieta, como eu não gritei, como eu não tinha meios pra me defender. Porque eles não tinham nenhuma arma de fogo me apontando. Foi mais pelo susto, pelo imprevisto e pela invasão, pelo fato de eles serem dois e estarem muito determinados e gritando, falando forte e encapuzados.

QUAL ERA A SENSAÇÃO?

A sensação era de um susto, mas não tinha medo. A coisa também que mais me espanta, pensando hoje, é que eu não senti medo na hora. Eu fiquei... acho que dominada mesmo. Fazendo como se fosse um cordeirinho que faz as coisas que o outro manda, sem estar morrendo de medo. Eu pensava: "Meu Deus, o que vai acontecer, quem são essas pessoas, cadê os outros que estão pra chegar, tomara que cheguem logo". Mas eles me fecharam no banheiro da empregada e nesse meio-tempo, que também eu não tenho noção da passagem do tempo com muita clareza, ficou tudo meio borrado... Eu soube depois que tinham

---

1 Ester refere-se ao consultório onde trabalha.

chegado a faxineira, que foi dominada, e mais uma colega, que também foi dominada, amordaçada, amarrada. A faxineira foi presa no banheiro de cima. E eles diziam: "Nós não vamos fazer nada com você". E ela imediatamente reconheceu o bandido, um pedreiro que havia trabalhado pra gente uns dois meses antes, pela voz. Eu não reconheci na hora, que foi também, acho, uma coisa sem querer querendo, um jeito inconsciente de me proteger. Daí eles pegaram um caixote não muito grande e disseram: "Entra aí dentro", e eu entrei. Hoje em dia eu penso: "Mas como eu não saí correndo, como eu não tentei sair?" Porque eu pensava: "Depois que eu entrar aí dentro eu tô frita". Mas eu entrei. E era uma caixa tão pequena pro meu tamanho que eu tive que entrar e deitar de lado, encolhendo as pernas. Eles fecharam a tampa, puseram a caixa num carrinho desses de levar bagagem, coisas, e eu sentia que ia trepidando. E eu fiquei quietinha. Eu não estava amordaçada, eles tentaram me prender os braços nas costas, mas pra eu poder caber na caixa eles tiveram que me soltar. Então, foi uma coisa do total despreparo físico pra enfrentar uma briga. Pegaram uma pessoa que é totalmente cabeça e dominaram com um pouco de violência física. Mas não me bateram, não apresentaram armas. Depois eu soube que eles tinham uma faca, mas eu não vi. Só no grito, como tirar sorvete de criança.

Aí eu me lembro que tentava ficar muito alerta, tentando entender onde eu estava. E tinha na caixa uma frestinha, que deixava passar luz. Eu tentava o tempo todo espiar por essa minifresta pra ver se era capaz de reconhecer os caminhos. Mas não conseguia nada, só via que passavam carros, tinha movimento. Eu ficava prestando atenção pra saber se eu estaria numa estrada, pois eu achava que eles estavam me levando pra fora de São Paulo. Mas não parecia estrada, o tempo todo parecia uma rua e realmente eram ruas, pois eles me levaram pro Itaim Paulista. Demorou uma hora e meia pra chegar no destino. E o tempo todo eu estava tão alerta que nem senti falta de ar, nem medo. Então eu ficava, através da frestinha, olhando pra saber que horas eram, que horas eles me pegaram... Uma forma de contato com a realidade era controlar o tempo. Então esse exercício de estar extremamente alerta e tentando decifrar o que eu não conhecia me fazia ficar me sentindo não totalmente dominada ou passiva. Aí chegamos num lugar; quando eles me tiraram da caixa, eu já estava dentro da casa, num quartinho, e eu lembro que eles pegaram um ventilador, ligaram e puseram o ventilador em cima de mim como se eu estivesse passando mal. Eu não estava passando mal. Estava completamente normal. Mas aí eu me fiz de que estava meio desfalecendo, passando mal, que eu precisava de um pouco de tempo pra me recuperar. Enquanto isso, eu estava encapuzada com um gorro daquele tipo ninja, que só deixa os olhos de fora. Mas o meu estava abaixado, com a parte do nariz e da boca para respirar. Então, eu via através dos furinhos da lã, mas eu fazia de conta que não estava vendo, porque eu não queria que eles vissem que eu estava vendo. Era um jogo de gato e rato, no sentido de que eu tinha que controlá-los, mas eu tinha que fazer de conta que não estava percebendo nada. Esse era o meu jogo de sobrevivência, que depois veio a se revelar útil, porque eu fiquei o tempo todo encapuzada, não ficava olhando para eles diretamente, apesar de eles estarem encapuzados. E isso me dava uma sensação de menos perigo. Porque eu lembrava de uma história, que tinha acontecido alguns meses antes, de uma mulher que havia sido sequestrada por aquele Andinho, em Campinas. Ela tinha reconhecido o Andinho e, por causa disso, ela foi morta. Apesar de eu não reconhecer o bandido (reconhecer conscientemente), eu tinha todo o cuidado de mostrar pra ele que eu não estava sabendo quem ele era. E que eu não teria como saber isso porque eu não estava olhando pra ele. Eu estava vendada. Aí eles me prenderam com um cabo de aço que já estava chumbado no chão, os dois pés, cada um com um cabo de aço, e tinha um colchãozinho onde eu fiquei deitada. Esse cabo de aço tinha mais ou menos meio metro, que me permitia ficar em pé. Eles me fecharam nesse quartinho e saíram, deixaram a caixa ali e foram embora, ficaram lá fora. E tinha um rádio, que depois eu descobri que era meu mesmo, que eles tinham roubado do consultório, que eles puseram numa estação tipo de Igreja Universal, no mais alto volume, que ficava o tempo inteiro falando um pastor, porque se eu gritasse ou falasse alguma coisa isso seria abafado.

Aí, depois que eles saíram, a primeira providência foi olhar, levantar um pouco o capuzinho pra poder enxergar. Eu fiquei observando o quartinho e tentando ver o que tinha. Não tinha nada, era um quarto vazio, só tinha esse colchãozinho onde eu estava deitada, presa, uma mesa e tinha a caixa, e mais nada. Era todo ladrilhado e deveria ter, depois eu medi com passos, uns dois metros e meio por dois metros e meio, um quarto pequeno, com uma janela com uma veneziana de metal e, ao mesmo tempo, um vidro. A janela estava chumbada com cadeado e tinha um vidrinho daqueles de casa bem simples, que abre e fecha. Esse era possível ser aberto. A primeira providência foi abrir um pouquinho e deixar uma frestinha pra entrar um ar. Mas não abri muito pra eles não perceberem. Aí fiquei lá parada tentando ouvir. O máximo que eu fazia era tentar escutar e saber, a partir dessa escuta, alguma coisa. Aí, além do rádio que ficava no último volume, eu comecei a escutar que tinham vizinhos por perto que vinham principalmente chamar uma mulher que se chamava Dulce. Elas chamavam, a mulher respondia e elas vinham contratar ou fazer alguma coisa. Eu demorei um ou dois dias para descobrir que ela era uma costureira e que as mulheres iam levar costura para fazer com ela.

[...] Eu ficava absolutamente quieta, não falava nada, não gritava, não chorava. Porque eu pensava: "A única coisa que eu tenho a mais do que eles é minha capacidade psíquica, que eu sou uma pessoa mais educada, mais terapeutizada. A única coisa que eu tenho a mais é ser melhor do que eles como ser humano, então eu tenho que me conter, me controlar, ser melhor do que eles". Daí eles entravam. No primeiro dia entraram só pra me trazer comida, deixavam uma fruta, pão com manteiga, água. Daí eu pedi pra eles um peniquinho, ou uma panela. Eles me trouxeram uma leiteira pra eu fazer xixi. Tinha uma toalha jogada ali, eu fazia uma espécie de uma cabaninha pra quando eu fosse fazer xixi. Eu pedi depois também pra eles me trazerem papel higiênico, porque eu fiquei com vontade de fazer cocô. Aí eu disse: "Como é que eu vou fazer?" Aí eu pedi pro cara que entrava, que era mais auxiliar e mais bonzinho – e o bandido-mor era o que me deixava falar no telefone, era uma coisa mais ameaçadora; eu disse: "Você vai me arrumar papel higiênico, você vai me arrumar jornal e um saco plástico; se eu precisar fazer cocô eu vou poder fazer de um jeito legal". Aí ele trouxe, e quando eu precisei mesmo eu forrei o chão com o jornal, me agachei, fiz uma espécie de cabaninha, sempre vigiando pra saber se alguém ia aparecer. Mas eles me deixavam o tempo todo sozinha, fechada ali naquele quartinho, eles não entravam no quarto. Foi ótimo, porque também me dava um espaço pra eu ter minha própria vida, ficar atenta, observando. Aí fiz assim: fechei bem o pacotinho, pus dentro do saquinho plástico, amarrei bem, joguei num cantinho não muito longe, pois eu não podia ir longe.

E aí eles me deixavam uma hora por dia andar no quartinho, me soltavam, e começaram a me prender num pé só. O cabo de aço me apertava muito a perna, porque a minha perna é grossa, e aquilo me esfolava, estava me machucando. Então eles me deixaram com um só pra poder trocar um pouco e não ficar sangrando, machucando mesmo.

Daí, no dia seguinte, veio o cara que era o bandido-chefe com o telefone celular me deixar falar com o José[2]. Aí eu falei: "Oi, meu bem. Tudo bem?" Tudo bem calma, porque não adiantava eu falar desesperada, eu queria mostrar pra ele que estava tudo bem. E quando o rapaz trouxe o saquinho plástico eu queria ver se tinha alguma informação escrita no saquinho que eu pudesse passar [ao meu marido] onde eu estava. Mas eu não conseguia

---

2 Marido de Ester.

inventar uma história, não conseguia saber pelo nome do saquinho plástico onde era. Não podia dizer "Tô na rua tal" porque eles ficavam ali do lado. Eu ficava inventando na minha cabeça possibilidades de falar coisas por código. Mas depois eu não usei nada disso porque eu só falei com o José uma vez. Depois eles ligavam e eles mesmos negociavam e ameaçavam. Eu só falei uma vez com ele. Então eu pensava: "Eu vou dizer tal coisa, mas será que ele vai decifrar?" Umas coisas meio absurdas, não me lembro mais. Mas que eram tentativas de organização, de códigos, muito pré-elaborados, que num primeiro momento eles não percebessem mas que depois o José ficasse pensando: "Ela está em tal lugar". Mas nada disso aconteceu, foi só uma tentativa de eu me organizar, mais no sentido de poder dar dicas, de poder ser esperta, de poder ajudar no fato de eu ser achada. Mas também não aconteceu.

Depois ficava aquela rotina: todos os dias eles traziam de manhã a comida, depois mais tarde traziam de novo. Em geral era uma fruta, água, pão com manteiga, às vezes traziam leite. Um dia trouxeram arroz com frango. Mas eu não tinha a menor vontade de comer. Foi um verdadeiro spa, eu perdi dez quilos em cinco dias, não sentia fome, a coisa não ia. Daí eu fui ouvindo, fui medindo, quando eles me deixavam andar eu ficava contando os passos, contando os metros, não sei para quê... Mas era uma tentativa de organização. Pra que adiantava saber se tinha dois metros e cinquenta ou dois metros e oitenta? Não servia pra nada, mas pra mim, na ocasião, servia pra alguma coisa interna, de sensação de controle, de estar esperta. Aí, certo dia, eu não ouvia mais as vozes deles, eu tive a impressão de que eles não estavam lá. Eu ficava chamando: "Moço, moço". E ninguém veio. Daí tinha um pequeno quadro de luz (acho que isso foi no sábado, já perto do último dia do sequestro) que eu consegui alcançar. Eu desliguei a chave de luz pra ver o que acontecia, porque eu estava no escuro. Mas aí eu ouvi as pessoas lá fora falarem: "Acabou a luz, que será que aconteceu, acabou a luz em todo lugar". Então essa

SORRIA, VOCÊ ESTÁ SENDO CONTROLADO   *141*

chave de luz desligava a luz da casinha e da casa onde morava essa tal de dona Dulce, que vinha pra fora e ficava falando: "Acabou a luz, acabou a luz". Aí eu liguei de novo e voltou: "Ah, voltou, voltou, mas o que aconteceu?" Bom, então essa chave de luz serve pra desligar a luz das casinhas ao lado de onde estou. Mas eu não sabia se essa mulher era a mãe deles, porque uma das noites eu ouvi vozes conversando com os bandidos, que eram dois, como se tivessem mulheres conversando. Não sei se isso é verdade mesmo ou se não é, acho que não é. Pelo que depois me contaram não entrou ninguém lá. Mas eu jurava que tinha um bando de gente batendo papo e que essa senhora deveria ser a mãe do bandido. Quando tinha franguinho foi ela quem fez. Acho que é uma família de sequestradores, se eu pedir por socorro ela vai me atacar, vai chamar o filho.

[...] E daí pelo fato de eu ser tão pacífica, calma, não dar trabalho nenhum, quando foi no domingo, que foi o dia que eu saí, eu tinha desconfiado que na noite anterior eles tinham me deixado dormir lá sozinha. Foi quando eu descobri a chavinha, eu percebi que eles não estavam na casa. Tinha tido um monte de barulho de mudança, de carregar coisa. E de fato eles tinham levado todas as coisas deles para um outro cativeiro. Estavam montando e organizando outro cativeiro. Eles estavam assustados, achando que esse cativeiro estava sendo descoberto. Eles falavam pra mim: "Olha, nós vamos sair daqui, mas você vai dentro dessa caixa, viu?" Eu dizia: "Não, não preciso ir dentro da caixa, eu sou tão quietinha, você pode me levar. Traz uns óculos escuros pra eu não ver pra onde vocês estão me levando, vocês põem esparadrapo, eu ponho os óculos escuros, e eu vou quietinha, sentadinha no carro. Não precisa me pôr na caixa, não tem por que me pôr na caixa, eu sou uma pessoa muito pacífica, não tem problema nenhum, pode acreditar. Eu não sou louca, eu sei que se eu fizer alguma coisa pode me acontecer algo de ruim, eu não quero. Eu sou uma pessoa que tem bom senso". Ficava argumentando com eles que não precisava me pôr na caixa de novo pra me levar embora dali, pra fazer essa mudança de lugar. Daí, quando eu percebi que eles estavam fazendo a mudança e que não tinha ninguém, eu apaguei a chavinha da luz e vieram as pessoas, várias mulheres ao mesmo tempo. Porque eu pensava: "Bom, se uma for mancomunada com a família, uma cliente..." Eu esperei chegar uma cliente pra fazer isso. Porque aí eu pensava: "É uma pessoa de fora". Então eu apaguei a luz e comecei a gritar: "Socorro, socorro, eu estou aqui presa. Por favor, eu fui sequestrada, isso aqui é um cativeiro, vocês chamem a polícia". Mas elas não acreditavam: "Mas como? Cativeiro? Que mulher? Quem está aí, não é possível, não tem mulher nenhuma. Nós não podemos chamar a polícia, imagine". Eu fiquei mais ou menos uns quinze minutos argumentando pela janela com elas até que uma se convenceu. Aí ela foi chamar a polícia, mas ela avisou os policiais que estava acontecendo uma briga entre marido e mulher e que a mulher estava dizendo que estava presa e que o marido tinha saído.

Então a polícia vinha atender a ocorrência, mas nesse meio do caminho ouviu pelo rádio que tinha havido um tiroteio e que um policial tinha sido ferido. Então eles passaram primeiro nesse lugar do tiroteio que era lá perto e demoraram uma hora pra chegar. Aí, eu ficava falando pras mulheres: "Vocês chamem alguns homens, pois se os bandidos chegarem eles empurram vocês e vão matar todo mundo. Vão chamar alguns homens pra ficar aqui esperando a polícia pra não ter perigo". Mas não sei se elas chamaram alguns homens não. Acho que ficaram as três ali mesmo. E depois de uma hora a polícia veio, arrombou o cativeiro, me descobriu lá. Aí a dona Dulce, que era a dona da casa que tinha sido alugada pra esses dois caras, começou a chorar, se desmilinguir, quase desmaiar: "Como? Mas na minha casa? Meu Deus, eu não sou bandida!"

[...] Aí, eu fui com a polícia até a delegacia. Eles me pareceram assim seres maravilhosos, tipo cavalaria americana salvando os mocinhos que os índios estão atacando. Eles entraram com o revólver na mão e eu: "Ah, estou aqui, estou aqui". Eram os verdadeiros salvadores. De noitona, deviam ser umas nove horas, nove e meia... Quando foi meia-noite eles voltaram, com um carro emprestado. Eram uns bandidos muito pés-de-chinelo, eles foram emprestar um carro pra poder me levar e vinham realmente com os óculos escuros [risos] pra me levar de um lugar pro outro, bem de noitona, pra ninguém ver. De alguma forma eu tive alguma capacidade de convencimento.

Foi essa a experiência, uma experiência insana, porque, apesar de eu ter sido completamente dominada, não fiquei com medo. Aí eu pensava assim: "Bom, o que pode me acontecer de pior? Morrer. Bom, se eu morrer, eu já vivi". Eram raciocínios assim, bem simplistas: "Já vou fazer quase 60 anos, então tá bom se eu morrer, minha filha já tá grande, meu marido se vira. Já vivi um certo tempo. As pessoas, quando morrem com 60 anos, não perderam a vida, viveram, que bom". Que mais pode me acontecer? Aí eu pensava: "Eles vão me pôr na caixa e vão me deixar num matagal, e eu não vou conseguir sair, vou morrer sufocada dentro da caixa". Aí eu pensava assim: "Não, mas, se eu começar a morrer sufocada, eu vou desmaiando, então eu também não vou perceber muito bem como estou morrendo". Então, pra todos os medos, eu ia falando pra mim mesma formas de convencimento, de que não ia ser tão horrível, porque morrer poderia ser perfeitamente possível, que se ficasse presa na caixa também eu não ia ficar desesperada, lutando, eu ia apagando. Mas não sei se seria verdade, né? Porque hoje em dia em qualquer susto que eu levo vem uma carga gigante de adrenalina. Até parece que todo o susto ficou pra depois. Acho que essa forma de admitir que a coisa que eu mais temia era morrer, que eu achava que poderia morrer muito fortemente, na medida em que eu digo "paciência, se eu morrer tá bom", me deu mais calma, não me deixou com medo do pior, porque eu mesma já assumi que, se acontecesse o pior, estava bom. Como se fosse um jeito de poder me aproximar do mais temido, como se eu estivesse controlando. Essas coisas assim muito doidas, que se fazem numa hora dessas, que não têm o menor cabimento, mas que funcionaram, foram eficazes pra mim, porque eu me mantive inteira, não entrei em desespero, não me machuquei. E ainda consegui conversar, que é a melhor coisa que eu consegui fazer. Porque brigar eu não sei. Conseguia conversar, manter o padrão da conversa num nível educado: "Por favor, será que daria pra você me trazer tal coisa?" Sempre tinha um que era o mais malvado e um que se fazia de bonzinho, como sempre. "Olha que ele vai fazer tal coisa, ele vai fazer não sei mais o quê." "Acho que não, não tem por que, não tem necessidade, eu tô aqui tão quietinha". Me fiz assim de bem idiota, tão sem ameaça... Acho até que eles me deixaram sozinha por isso. E aí o pior de tudo é que eu fiquei me sentindo meio culpada de ter quebrado esse pacto, esse contrato entre aspas: "Como eu me fiz passar por cumpridora das regras e escapo? Mas eu fui muito safada". É uma coisa insana, mas era um raciocínio que às vezes aparecia: "Olha só, eu não sou uma pessoa de palavra".

E ao mesmo tempo, por outro lado, são coisas antagônicas que a gente vive, eu sentia assim: "Ai, meu Deus, eu me vinguei, eu consegui sair dignamente pelas minhas próprias pernas". Então era como se eu tivesse resgatado certa força para toda aquela submissão. Acho que isso foi uma coisa muito importante e eu me senti mais forte, fiz algo que me trouxe de volta a dignidade, apesar de não ter aplacado o medo. Porque depois eu fiquei uma semana trancada em casa embaixo das cobertas, na cama, quietinha, sem poder me mexer. Sem conseguir falar com ninguém. As pessoas ligavam, mas eu não queria falar com ninguém. Eu fiquei uma semana praticamente quieta.

[...] É uma coisa assim, que tudo parece que funcionou por sistemas diferentes dos sistemas comuns. E que, se eu penso hoje em dia, não tem lógica racional. É uma fala oposta de funcionamento: eu ficava tranquila quando tinham os mesmos barulhos de sempre, eles falando, o rádio ligado, isso já me era algo familiar. Quando, no primeiro dia, ficou um silêncio muito grande, porque acho que eles tinham saído, eu comecei a ficar muito aflita, porque alguma coisa tinha mudado. Então eu comecei a ficar mais assustada e pensar em possíveis perigos que poderiam vir e que eram desconhecidos. Quando eles estavam lá falando, dando risada, vendo televisão, eu ficava mais calma. Era como se eu já soubesse que aquilo ali queria dizer que eles estão ali quietos, lá fora. E quando ficava muito diferente, muito silencioso, eu ficava mais assustada. Então é uma lógica própria daquele momento e daquela construção que eu fiz para lidar com a situação. Hoje em dia eu penso: "Mas por que será que eu senti assim? Que louco. Quanto mais ele me ameaça, mais eu fico sossegada, vou dormir". É como se eu pensasse: "Bom, não adianta eu controlar".

Outro dia, sexta-feira agora, eu estava saindo do consultório. Meu consultório é exatamente em uma rua que dá em frente ao metrô. E eu estou guardando o carro numa das casas dos vizinhos, porque não tem vaga nenhuma, então ela me aluga e tem de abrir e fechar o portão. E nós temos um guardinha que fica ali. Eu disse: "Vamos lá comigo pra abrir o portão, depois você fecha". Quando nós estávamos descendo a ladeirinha, nós cruzamos com dois caras que estavam subindo e eram bem mal-encarados. Aí eu disse pro porteiro: "Não, não vamos abrir o portão agora porque esses caras estão com cara de bandido, vamos até a farmácia lá em cima que tem um monte de gente, de táxi, de gente que fica esperando parentes (ficou um *point* de gente que sai do metrô). Vamos ficar ali esperando até eles subirem e sumirem". Mas, em vez de eles subirem a ladeira e irem embora, eles pararam exatamente em frente ao meu consultório e ficaram meio que olhando pra um carro, como se estivessem querendo roubar o carro. Eu disse: "Bom, o que nós vamos fazer?" E aí ficávamos olhando assim disfarçadamente. Depois eles entraram na casa vizinha, que tem uma garagem que está pra alugar. E eles sumiram das nossas vistas, ficando ali dentro dessa entrada de garagem. "O que nós vamos fazer? Até chamar a polícia... Mas não adianta chamar a polícia, porque a polícia vai demorar tanto pra chegar ali e não vai adiantar nada. Vamos esperar mais um pouco. Vamos ficar aqui, no meio do povo, pois acho que na situação de medo é melhor estar perto de pessoas." Depois de uns quinze minutos eles vieram, desceram a rua, atravessaram a avenida, que tem uma mureta divisória, passaram por cima da mureta, coisa que quase nenhum cidadão faz, vai pela faixa. Em vez de ir até o farol, eles atravessaram no meio do quarteirão, pularam a mureta. "Então vamos embora." Aí eu saí, ia pegar a rua João Moura, e quando eu estou indo pela João Moura eu vejo um deles parado numa esquina de butuca. Pensei: "Ele está parado e o outro está roubando algum carro. Com certeza ele tá aguardando e o outro tá fazendo ligação direta".

Mas se você soubesse o estresse que isso representou pra mim... Eu fiquei exausta pela impotência, pela sensação de que, se eles fossem roubar o carro no meu nariz, o que eu ia fazer? Eu ia gritar? Ia chamar o tomador de conta de carro? Ia ficar com medo? O que eu ia fazer se realmente eles fossem começar a mexer no carro que estava parado ali na rua, que não era da gente mas era de alguém? Mas eu voltei com uma dor de cabeça, um mal-estar...

Então, de alguma forma, a violência deixa marcas. Uma vez que você foi sujeito a um ato de violência, você primeiro já sabe reconhecer, já sabe antecipar, mas também não sabe o que fazer. [...] Não sei, se eu tivesse que passar por outra situação de violência, se tudo isso não me deixaria ainda mais assustada e fragilizada, com mais medo, mais desespero. Eu tenho a ideia de que essa experiência não serviu pra eu saber lidar com a violência, não. Eu sei lidar menos com a violência. Eu tô mais vitimizada, mais capaz de imaginar a violência de uma forma antecipada. Antes eu era mais ingênua, não era capaz de ficar imaginando como era possível gente se esconder pra assaltar, pra roubar, pra pegar alguém quando tá abrindo uma garagem. Talvez eu fosse mais desencucada. Agora eu vejo em todas as situações o risco. Então, eu sou mais assustada.

É uma perda, é um sequestro da ingenuidade, um sequestro da confiança. Porque o sequestro físico é menos ruim do que o sequestro da confiança, da ingenuidade, do fato de você não estar sentindo que existem perigos. Quando você disse: "Ah, eu estava andando por Londrina e vi o jardim que estava todo cheio de flores"... ai, que coisa boa que você pode andar e se sentir livre. Porque eu nunca mais posso andar e me sentir livre, eu estou sempre vigiando. Tô sempre atenta para ver se tem um motoqueiro que está do lado, se tem um carro, tô antecipando. Outro dia eu estava descendo, aqui, uma ladeira que vai dar na Sumaré, e eu estava com o carro do meu marido, que é um carro melhor, um Corolla. Eu tinha um espaço pra eu continuar, mas fiquei parada um pouquinho porque eu achei que o espaço pra seguir na fila era um pouco apertado. Aí estava parada no meio-fio e chegou do meu lado um carro Chevrolet velho com quatro caras grandões, uns meio mulatos, outros brancos, mas bem grandes e fortes, com os vidros meio abertos. Eu estava parada, eles pararam do meu lado, a porta de um abriu e um cara enorme desceu. Imediatamente eu desci para aquele lugar que eu tinha achado que o carro não passava. Aí o cara fez de conta que estava olhando o pneu. Agora, na minha cabeça, não sei se era pra olhar o pneu mesmo ou se ele ia fazer um sequestro-relâmpago. Então, eu estou sempre imaginando que ele poderia descer, abrir a porta pra fazer um sequestro-relâmpago, que eu também já sofri. Eles vêm num carro e acompanham o carro que eles escolhem atrás. Em geral, descem dois caras, te pegam e o outro vai atrás. Não sei se iria acontecer ou não, mas na minha cabeça seriam o momento, a oportunidade e a forma de isso acontecer. Aí eu desci, logo abriu o farol, eu consegui sair e pensei: "Ufa, consegui escapar de uma situação de potencial perigo ou de perigo imaginário, né? Fui ativa, fugi, mas a minha perna treme". Ao mesmo tempo eu me senti desperta: "Que bom, não fui uma pata-choca", mas à custa de um gasto de energia e de um mal-estar que eu demoro pra me recompor. Então acho que esse tipo de sequela, de consequência, tá aí até hoje, quatro anos depois, com os caras presos.

Mas isso não me impede de fazer as coisas, continuo dirigindo, continuo andando de noite, mas é um esforço atravessar a avenida Paulista inteira de noite, porque sempre, em cada farol, virão os ladrões que irão me assaltar. Então eu faço com muito gasto de energia.

VOCÊ DIZ QUE ESTÁ MUITO MAIS ALERTA, MUITO MAIS VIGILANTE; CHEGOU A MUDAR ALGUMA COISA, ADQUIRINDO EQUIPAMENTOS OU SERVIÇOS DE SEGURANÇA?

Não, a única coisa que a gente pôs a mais foram dois guardinhas na porta do consultório. Um de manhã, que abre o consultório – um moço comum, não é armado nem nada, é um homem que fica lá olhando, abre o consultório. Eu nunca mais entrei no consultório sozinha de manhã cedo. Eu espero o guarda ou a faxineira e não carrego mais a chave do consultório. Se o guarda, ou a faxineira, não chegou, eu vou atender o cliente no Fran's Café. Não entro. Nunca precisei fazer isso. Sempre tem alguém que já entrou sozinho, um colega que entrou sozinho. Eu toco a campainha e alguém abre. E às vezes, se a pessoa que abre não diz quem é, eu pergunto: "Quem é que tá aí?" Também não vou entrar sem saber quem está lá. E se não for alguém conhecido e for um ladrão? Essas coisas ficaram até hoje. Eu não mudei equipamentos, mas fiquei mais assustada mesmo, alerta, como se isso fosse resolver alguma coisa. Porque na realidade eu sei que isso só me cansa. Outro dia fomos dar uma aula na Faculdade do Ipiranga, um lugar longíssimo, pra lá do Monumento do Ipiranga. Voltei, eram mais de onze horas da noite, tinha de vir pra cá; demora quarenta ou cinquenta minutos, a gente veio num comboio porque eu não sabia sair de lá. Mas é uma exaustão, porque aquilo parece que demora. Aí a passagem do tempo é lenta e sofrida, uma coisa muito penosa, mas eu faço. Não deixo de fazer, mas sinto que eu tenho de fazer um esforço enorme.

[...] Porque depois disso nós ainda sofremos um arrastão aqui nesse prédio. Eu não estava em casa no dia do arrastão. Nós entramos logo depois que os bandidos foram embora. As luzes todas do prédio estavam acesas, da portaria, às onze e meia da noite. A gente entrou e não percebeu nada, não vimos o porteiro, também não percebemos. Entramos, vimos um carro com a porta aberta na garagem: "Que estranho, quem deixou o carro com a porta aberta?" Não percebi nada, não fiz nenhum tipo de conclusão. Porque era dentro de casa e não era aquele dentro de casa do consultório, era outro. Agora eu já sei: aqui, quando eu chego, se o porteiro está na portaria eu já vejo, se a luz tá acesa de um jeito diferente, se tem mais alguém. A gente dá mais uma volta e liga para a portaria para saber quem está ali. Mas depois que aconteceu. Porque na hora não fizeram nenhum sentido todos esses sinais, porque era um monte de sinais. Mas eram sinais novos. Então, se o porteiro não tá, "Ah, ele foi ao banheiro". A luz tá acesa, você nem percebe que está acesa. Você vê o carro com a porta aberta: "Nossa, alguém chegou bêbado e deixou o carro com a porta aberta". Vai dando explicações. Então, de repente chega o porteiro, verde... E ainda tinham levado três moradores como reféns. E tinham saído cinco minutos antes de a gente chegar. Colocaram todos os condôminos num apartamento no oitavo andar, eles vinham rendendo as pessoas e colocando nesse lugar. Então, agora eu já sei como é um arrastão dentro de um prédio. Você vai tendo um repertório de todos os tipos de criminalidade, você vai sendo vítima de todos os tipos de crime. Meu irmão diz que eu sou a prova viva da evolução do crime em São Paulo, porque eu já fui assaltada com faca, assaltada com revólver, sequestro-relâmpago, sequestro propriamente dito e arrastão em casa.

A minha filha, que estava aqui, começou a negociar com os ladrões armados de metralhadora: "Ah, não leva o laptop da minha mãe, tem a tese dela aí". "Não vai dar". Daí ela disse assim: "Deixa pelo menos um perfume pra minha mãe". "Ah, é justo", disse a ladra. Vai começar a negociar com bandido? "Ah, não leva meu celular que é velho". "Então com esse celular você pode ficar porque é velho." Você começa a fazer negociações absurdas com alguém dentro da sua casa, pra você preservar alguma coisa. Ela é uma menina que passou pelo sequestro da mãe e, de repente, dois anos depois, tá com um ladrão em casa armado com metralhadora. Agora, isso tem um preço, né? Tô tomando antidepressivo, tô fazendo terapia. Passa, você sobrevive, saio e volto às duas horas da manhã de carro sozinha, mas não é impunemente. Eu arrumei um jeito de me organizar, meu marido arrumou o jeito dele de se organizar, mas deixa marcas. E o pior de tudo é que esse assalto no prédio aconteceu há dois anos e só agora eles estão discutindo a segurança. Já deveriam ter feito porta-gaiola. Não sei se ajuda, mas, enfim, dificulta um pouco. Eles procuram prédios mais fáceis, né?

VOCÊ, QUE PASSOU PELA SITUAÇÃO, VÊ DIFERENÇA ENTRE O QUE VIVEU E O QUE É APRESENTADO PELA MÍDIA?

É completamente diferente. Acho que a gente já conseguiu criar uma espécie de casca grossa pra ver as coisas que se passam com os outros ou na sociedade de uma forma um pouquinho mais banalizada, como se fosse um filme de cinema. Tem um certo distanciamento. Você fica horrorizado, mas você... não sente que pode acontecer com você, parece que é longe. O bandido é na periferia, as balas perdidas são no Rio de Janeiro, não é aqui em São Paulo. De repente, se é aqui em São Paulo, eles não estavam atacando as pessoas, estavam atacando os aparatos do Estado, a gente só se assustou, mas não precisava ter se assustado[3]. Então a gente sempre tem uma forma de minimizar o fenômeno de violência, mais ou menos como uma pessoa que assiste, ou você é tomado de uma forma coletiva. Ao passo que, quando você vive, tem a certeza de que isso existe, é dife-

---

3 Ester refere-se aos atos de violência ocorridos na cidade de São Paulo durante o mês de maio do ano de 2006, promovidos pelo Primeiro Comando da Capital (PCC), que envolveram a queima de ônibus urbanos, bem como ataques aos postos e viaturas policiais.

rente. Não é uma coisa que é visual, que é mental, que você vê pela televisão, a violência em geral. Você vê, tem distância. A coisa da visão mantém um distanciamento, por mais que seja chocante. Graças a Deus eu nunca vi ninguém ser assassinado, levar um tiro, ser morto, isso eu nunca vi; eu já vi na televisão várias vezes, mas fica como uma coisa assim: "Ah, isso não acontece aqui". Agora, quando tá dentro da tua casa, se eu chego em casa, na garagem, eu olho pra ver se não tem ninguém dentro da garagem. E também, se tiver, o que eu posso fazer se eu já estou dentro, entendeu? Eu vou sair de ré como uma louca? Não sei o que eu poderia fazer.

Mas pelo menos eu já sei onde olhar. Isso eu não sabia. Então, acho que, na hora que acontece com você, você começa a criar repertórios, que fazem parte da tua vida, repertório de conduta, repertório de acontecimentos, repertórios de papéis, que antes você não tinha. Acho que essa é a diferença, que não vem pelo fato de você ver, de você saber. Você não tem as pautas do papel, a maneira como aquilo acontece. Então, por exemplo, você vê fazerem um bolo na televisão, um pão, você vê a mulher amassando a massa. Mas você não pôs sua mão na massa, você não sabe qual é a força que você tem de fazer, você não sabe quanto precisa amassar, você não sabe como gruda. Então essa experiência, que depois, se você faz pão todo dia, só por pegar na massa você sabe se está pronto ou não, se está leve ou não. É isso que você aprende quando está metido na experiência. Você aprende como é mesmo. Como é o detalhe do detalhe do vivencial daquele fato, não só o nome, acontece nessa sequência, é com tridimensionalidade, parece, de dentro e de fora. É como se fosse uma coisa que gira dentro e fora e, quando você vê na televisão, você só vê de fora. Acho que tem uma grande diferença. Porque depois você sabe. Eu poderia ser uma assaltante hoje em dia, eu já sei onde eu posso pegar uma pessoa fácil, fácil, qual é o momento propício. E vendo na televisão eles não vão me contar. Porque uma vez que eu vivi esse sequestro-relâmpago, eles ficavam tentando pegar a próxima vítima, então eles ficavam discutindo, como era, como não era: "Aqui é bom. Não, aqui não, tem mais gente. Ali, vamos pegar ali. Não, esse não, porque tem criança no carro, não interessa, criança dá trabalho". Então você começa a saber como é, o *modus operandi* mesmo. Dentro e fora. Acho que tem essa coisa de você estar metido na experiência, mergulhado na experiência, sentindo, experimentando e vivendo na sua microdosagem, na sua microcalibragem. É pegar mesmo, é a sensação de estar pegando. Porque mesmo depois de passar por todos esses assaltos, eu tô te falando que eu vi todos esses sinais no prédio que estava invadido e não decodifiquei, não vi, não entendi que isso seriam sinais. Agora eu sei que são sinais, tenho mais um repertório de susto por saber do assaltante de prédio. Mas também não saberia o que fazer se acontecesse de novo. Se me pegarem com uma arma ou se eu chegar e vir uma pessoa da minha família rendida, se vierem aqui com o zelador: "A senhora abre ou eu estouro a cabeça dele", vou falar "Ah, estoure que eu não quero saber"? Sabe? Então acho que você ainda funciona por uma ética do bom senso, que é burra pra situações de violência, completamente desaparelhada.

Você tem de ser muito violento pra lidar com situações de violência, e a gente não é. E além de eu não ser violenta, de não ser ágil, não ser potente do ponto de vista físico, em esperteza, rapidez, prontidão, eu não sei ser tão agressiva quanto um bandido, não sei mesmo. "Por favor... Daria para..." Enquanto isso eu já levei cinco chapuletadas. Eu não tenho como enfrentar o bandido na violência, tenho como enfrentar o bandido no papo, tenho como enfrentar o bandido na capacidade de codificar coisas, tentar achar saídas. É vivendo e pensando à minha moda, não pensando à moda do bandido, porque acho que isso eu nunca vou conseguir fazer. É pensando à minha moda dentro da situação. Então, acho que, se você ficar preso, vai começar a ter de aprender como que é ser preso, né? Preso de presídio, que deve ser uma experiência grotesca. Mas acho que as pessoas aprendem. Eu tenho a mais absoluta certeza de que numa guerra, se fosse uma guerra de tiros, eu seria logo alvejada, porque eu sou muito estúpida nesse sentido, se dependesse de prontidão e capacidade de esperteza em relação ao ambiente, acho que eu morro primeiro. Agora, se puder pensar um pouco, talvez, quem sabe? Então são certos tipos de habilidade que se tem de ter, e eu não tenho. Mas de alguma forma isso tem me servido pra ir despistando, sobrevivendo, pedir socorro.

Agora, isso tem um preço, ninguém passa por uma violência assim lepidamente, sem marcas. Então, você fica mais conectado em determinados pequenos sinais, que antes para você passavam como nada. Então, como o cara abre a porta do carro, imediatamente eu penso que ele está vindo me atacar. Coitado, talvez ia ver o pneu e não ia me atacar. Agora, quatro caras dentro de um carro [risos]... é meio esquisito, né? Dificilmente têm quatro caras desocupados no meio da tarde. Se fossem trabalhadores de bonezinho, com aquelas caras de pedreiros, trabalhadores indo e voltando do trabalho... Então você vai inventando enredos de perigo. É uma pena, porque você fica tão cansada... Dá vontade de exorcizar.

ANÁLISE DA ENTREVISTA

O que faremos, a partir de agora, é cartografar como o dispositivo de controle, engendrado pelo cruzamento entre diversas linhas, foi e continua sendo apropriado singularmente por Ester durante e após essa experiência. Um aspecto significativo desse relato a ser colocado em destaque são os diferentes processos de individuação experimentados. Assim, enquanto ela acolhe os mínimos detalhes dessa experiência, atribuindo-lhe alguns sentidos, os quais ora vão se afirmando, ora se desmanchando, é o próprio modo de comparecer na situação que se transforma. E é possível notar como ela registra tais mudanças e lida com elas.

Na primeira parte da entrevista, Ester relata detalhadamente sua experiência no momento do sequestro e durante o tempo em que esteve em cativeiro. Destaca-se, na sua fala, o fato de que, diante daquela abordagem inesperada dos sequestradores, sua primeira atitude foi de obediência a tudo que eles lhe mandavam fazer. Ela conta: "E daí imediatamente eles me dominaram, sem nenhuma arma, eu não vi nenhuma arma. Mas falando [em tom] bravo, pegando e empurrando". Ester mostra-se surpresa ao lembrar sua primeira reação diante daquilo que foi vivido como um "susto": "E acho que a primeira coisa que me espanta hoje em dia é como eu fiquei tão quieta, como eu não gritei, como eu não tinha meios pra me defender". Pode-se supor que aquele cotidiano rotineiro e aquele espaço conhecido, com os quais ela estava acostumada, sofreram uma desorganização tão grande que a única possibilidade encontrada no momento foi responder de maneira obediente aos imperativos que lhe eram ditados agressivamente. Recebendo ordens e acatando-as, Ester começou a se conectar à experiência de sequestro. Assim, deixar-se dominar, "fazendo como se fosse um cordeirinho", foi a primeira resposta que se configurou possível ante uma situação brutalmente invasiva. É interessante perceber que seu estranhamento se dá principalmente pelo fato de, mesmo na ausência de armas, a obediência ter sido uma resposta quase "natural" àquela abordagem conduzida "só no grito, como tirar sorvete de criança". Como vimos nos capítulos descritivos, acatar ordens é a expectativa primeira do controle exercido por meio de imperativos, ainda mais quando se trata de uma situação de violência.

Mas, em seguida, quando já estava a caminho do cativeiro, Ester começou a criar outras formas de lidar com a situação, que se somaram à atitude de obediência utilizada naquele primeiro momento. No seu relato, ela vai esclarecendo como o estado de alerta passou a fazer parte de sua conduta. Assim, apesar de ser permanentemente vigiada, Ester começou a construir, para si mesma, uma espécie de máquina de vigilância e de monitoramento voltada para os sequestradores, sem saber muito bem sua funcionalidade naquele momento: "Aí eu me lembro que tentava ficar muito alerta, tentando entender onde eu estava. E tinha na caixa uma frestinha, que deixava passar luz. Eu tentava o tempo todo espiar por essa minifresta pra ver se era capaz de reconhecer os caminhos. Mas não conseguia nada". Chegando ao cativeiro e percebendo que os sequestradores acreditavam que ela estava passando mal, Ester começou a entrar no que ela chama de jogo: "Mas aí eu me fiz de que estava meio desfalecendo, passando mal, que eu precisava de um pouco de tempo pra me recuperar". Ao assumir a condição de alguém que estava passando mal, que lhe fora atribuída pelo sequestrador, Ester foi aos poucos se organizando e aguçando sua percepção da situação. Foi nesse momento que ela ficou mais atenta a outra sutileza daquele encontro. Estando encapuzada, ela relata:

> Então, eu via através dos furinhos da lã, mas eu fazia de conta que não estava vendo, porque eu não queria que eles vissem que eu estava vendo. Era um jogo de gato e rato, no sentido de que eu tinha que controlá-los, mas eu tinha que fazer de conta que não estava percebendo nada. Esse era o meu jogo de sobrevivência.

A atenção aos detalhes de onde estava e principalmente às nuanças que atravessavam a relação entre sequestradores e sequestrada aos poucos dava mais consistência àquilo que Ester chama de "jogo de sobrevivência". Com a sutileza de ver sem demonstrar que estava vendo, Ester ensaiou outros modos de se portar diante daquele contexto de sujeição que se anunciava. Ao tentar exercer algum tipo controle sobre a situação, ela relata: "isso me dava uma sensação de menos perigo". Podemos considerar que esse jogo marcou o início de um enfrentamento.

Como Ester se inscreve nele? Ela menciona, então, a lembrança de uma história, veiculada pela mídia, "que tinha acontecido alguns meses antes, de uma mulher que havia sido sequestrada por aquele Andinho, em Campinas. Ela tinha reconhecido o Andinho e, por causa disso, ela foi morta". Tentando evitar esse tipo de desfecho para si mesma, Ester continuou obedecendo às ordens, mas, ao mesmo tempo, tentava preservar o máximo espaço possível para ensaios e simulações, que ela percebera serem viáveis no contexto do jogo. Pode-se dizer que, apesar da situação de sujeição, foi atendo-se à sutileza de cada detalhe que Ester começou a entrever alguns pontos de reversibilidade favoráveis à sua liberação. E um dos meios para fortalecer a máquina de controle que ela estava construindo era precisamente responder à expectativa de subordinação apresentada pelo sequestrador, aparentando ser alguém obediente. Para isso, todo o seu psiquismo foi mobilizado a fim de acolher os mais diferentes afetos que emergiam daquele encontro e lidar com eles, incluindo-se aí aqueles mais destrutivos, que, em alguma medida, precisavam ser afastados da consciência para lhe garantir alguma proteção. Mas essa maneira obediente de comparecer na relação sofria variações assim que ela se via sozinha no cativeiro. Nesses momentos, Ester mostrou-se ainda mais aberta a experimentar o que lhe adveio e se envolveu com as tarefas de observação e de investigação. Como? "Depois que eles saíram, a primeira providência foi olhar." Em seguida, ela relata: "Aí fiquei lá parada tentando ouvir. O máximo que eu fazia era tentar escutar". Percebe-se que olhar e escutar eram as ações que ela praticava para explorar os dados, produzir uma máquina de vigilância e, assim, inscrever-se nesse jogo imprevisível.

Talvez seja possível considerar que essas ações de vigilância tiveram duas funções distintas naquele momento: primeiro, valendo-se do fato de estar sozinha na maior parte do tempo, ela manteve-se atenta a detalhes, e precisamente essa atenção silenciosa e invisível escapou ao controle dos sequestradores, permitindo-lhe mapear, por pouco que fosse, o local onde estava, identificando as rotinas e as pessoas que passavam por perto. E uma segunda função se somou a essa: ocupando o tempo com tais atividades, ela fez um grande esforço para não se desorganizar afetivamente e conseguir manter-se conectada a cada instante vivido, por mais que esses instantes reafirmassem sua condição de sujeição. Assim, ao atuar como vigilante, pôde criar uma espécie de escudo que, em alguma medida, bloqueava a sensação de desamparo e a angústia que sentia na condição de sequestrada. Ester abriu, então, um canal de negociação com os sequestradores, tendo como um dos objetivos suprir as necessidades básicas do corpo. Desde o primeiro dia, ela recebia comida sem ter de pedir por ela, mas não tinha acesso a um banheiro. Ao relatar minuciosamente as negociações feitas para obter vasilha e papel higiênico, ela reafirma a vulnerabilidade corporal daquele encontro, mas também reconhece quanto precisou ser forte para assumir uma postura passiva e obediente, que produziu efeitos na relação.

Conseguindo transitar entre a obediência aos sequestradores e a atividade de monitoramento que lhes foi imperceptível, foi possível garantir um espaço mais reservado para continuar sua investigação: "eles me deixavam o tempo todo sozinha, fechada ali naquele quartinho, eles não entravam no quarto. Foi ótimo, porque também me dava um espaço pra eu ter minha própria vida, ficar atenta, observando".

No primeiro e único contato telefônico em que pôde falar com o marido, Ester limitou-se a tranquilizá-lo, mas também começou a se utilizar de uma outra habilidade: construir hipóteses e articular maneiras de lhe passar informações que poderiam ser posteriormente decifradas. Como os telefonemas com sua participação não se repetiram, Ester incluiu essa atividade no jogo de sobrevivência, mapeando antecipadamente os possíveis riscos que se configuravam. Mas também continuava demonstrando aos sequestradores que não representava nenhum tipo de perigo. Em uma das conversas, quando soube que teria de ser novamente colocada na caixa para trocar de cativeiro, ela argumentou: "não tem por que me pôr na caixa, eu sou uma pessoa muito pacífica, não tem problema nenhum, pode acreditar. Eu não sou louca, eu sei que se eu fizer alguma coisa pode me acontecer algo de ruim, eu não quero. Eu sou uma pessoa que tem bom senso". Diante da importância atribuída por Ester a esse "jogo de sobrevivência", pode-se considerar que ele tenha servido como um exercício vital por meio do qual era possível criar artifícios para participar mais ativamente do processo, experimentar certo grau de potência e, assim, não se deixar reduzir a um corpo prisioneiro e sujeitado.

Conseguindo ficar mais tempo sozinha, Ester dirigiu sua atenção ao que chama de "rotina" da vida no cativeiro, identificada principalmente pelas conversas, passagem de pessoas, sons de rádio e de televisão. Com isso, tanto a atenção quanto a construção de hipóteses tornaram-se exercícios cada vez mais refinados e desafiadores, a ponto de ela encontrar, no quarto onde estava, um pequeno quadro de luz, por intermédio do qual julgou que poderia criar um canal de comunicação com o lado externo do cativeiro. Persistindo na atitude investigativa, Ester ensaiou maneiras de se comunicar com as pessoas que estavam do lado de fora, construindo uma série de hipóteses sobre elas – sobre quem eram, se tinham alguma ligação com os sequestradores, se poderiam ajudar ou, ao contrário, complicar ainda mais sua situação – e, principalmente, vislumbrando qual seria o melhor momento para tentar um contato. Ao proceder dessa maneira, ela percorreu os dados da experiência, analisou sua possível utilização e escolheu o melhor momento para intervir. Percebe-se que, ao agir assim, seu jogo foi ganhando maior sofisticação e, por meio dele, foi possível ampliar o espaço de participação para investigar e se articular – ações que, em certo sentido, possibilitavam uma fuga daquela condição de submissão majoritária; por isso mesmo, Ester investia nelas tanto quanto lhe era possível.

Com base em suas observações e mensurações, Ester percebeu que estava sozinha e decidiu agir: "Eu desliguei a chave de luz pra ver o que acontecia, porque eu estava no escuro. Mas aí eu ouvi as pessoas lá fora falarem: 'Acabou a luz, que será que aconteceu, acabou a luz em todo lugar'. Então essa chave de luz desligava a luz da casinha e da casa onde morava essa tal de dona Dulce".

Sempre convocada a criar hipóteses relativas a situações adversas e avaliar os riscos, Ester escolheu precisamente o momento em que estava sozinha no cativeiro, pois sabia haver várias pessoas do lado de fora com as quais poderia se comunicar:

> Daí, quando eu percebi que eles estavam fazendo a mudança e que não tinha ninguém, eu apaguei a chavinha da luz e vieram as pessoas, várias mulheres ao mesmo tempo. Porque eu pensava: "Bom, se uma for mancomunada com a família, uma cliente..." Eu esperei chegar uma cliente pra fazer isso. Porque aí eu pensava: "É uma pessoa de fora".

Cada novo detalhe percebido nesse jogo redistribuía os dados e isso alterava sua percepção da situação. Tal mobilidade a convocava a acolher e decifrar os novos dados, atribuindo-lhes sentido. Ao experimentar outras facetas desse jogo, Ester foi aprimorando esse jeito singular de funcionar em meio aos dados que essa situação adversa lhe oferecia.

Mas foi ao vislumbrar os riscos que mais temia, principalmente o de morrer, que Ester se aproximou dos seus medos e tomou contato com a angústia que tanto tentara evitar: "Então, pra todos os medos, eu ia falando pra mim mesma formas de convencimento, de que não ia ser tão horrível, porque morrer poderia ser perfeitamente possível". Ester construiu um jeito muito próprio de controlar o medo que sentia da morte fazendo esse mapeamento minucioso dos riscos. Ela diz:

> na medida em que eu digo "paciência, se eu morrer tá bom", me deu mais calma, não me deixou com medo do pior, porque eu mesma já assumi que, se acontecesse o pior, estava bom. Como se fosse um jeito de poder me aproximar do mais temido, como se eu estivesse controlando.

Nesse momento do relato é possível notar que, apesar dos cuidados no sentido de manter-se ocupada para não se desorganizar, uma espécie de angústia ia se produzindo ao vislumbrar a proximidade da morte. Diante disso, era necessário novamente mobilizar o corpo e o psiquismo para tentar bloquear, pelo menos em parte, as intensidades afetivas que emergiam dessa constatação. E o recurso utilizado nesse ponto foi fazer frente ao acontecimento, tentando controlá-lo. Mas podemos dizer também que a intensificação do medo perante a constatação de que a vida estava próxima do desaparecimento é o que dá consistência à emergência desse "eu" vigilante, que, como veremos, persistirá após o sequestro.

No quinto dia de confinamento, Ester conseguiu comunicar--se com algumas mulheres, as quais, após suas argumentações, entraram em contato com a polícia. No intervalo entre o contato e a chegada da polícia, ela continuou a monitorar as pessoas, além de alertá-las quanto aos riscos que corriam: "Vocês chamem alguns homens, pois se os bandidos chegarem eles empurram vocês e vão matar todo mundo".

Ao final dessa primeira parte do relato, Ester reconhece a estratégia que executou ao comentar: "Me fiz assim de bem idiota, tão sem ameaça... Acho até que eles me deixaram sozinha por isso". Dado esse acontecimento complexo, no qual foram vividos afetos com diferentes graus de intensidade e produzidos os mais diversos sentidos, Ester se surpreende com algumas das reações que teve depois que saiu do cativeiro e afirma: "E aí o pior de tudo é que eu fiquei me sentindo meio culpada de ter quebrado esse pacto, esse contrato entre aspas: 'Como eu me fiz passar por cumpridora das regras e escapo? Mas eu fui muito safada'. É uma coisa insana, mas era um raciocínio que às vezes aparecia". Lembrar-se disso lhe remete a algo ainda muito contraditório, difícil de ser absorvido e elaborado, algo que não comporta uma explicação mais racional. Como em outros momentos, aqui também pode-se entrever quanto ela estava dividida: ao mesmo tempo que agia, ela também se distanciava, observava suas ações e se surpreendia com elas.

Assim, ela continua: "E ao mesmo tempo, por outro lado, são coisas antagônicas que a gente vive, eu sentia assim: 'Ai, meu

Deus, eu me vinguei, eu consegui sair dignamente pelas minhas próprias pernas'. Então era como se eu tivesse resgatado certa força para toda aquela submissão". As "coisas antagônicas" vividas mostram como Ester se transformou no decorrer daquela experiência e pôde experimentar diferentes maneiras de lidar com aquele acontecimento. Vemos essa mudança, por exemplo, quando uma postura aparentemente passiva, por meio da qual foi firmada uma aliança obediente, pôde ser revertida em uma atitude efetiva de rompimento e quebra do "pacto". A percepção dessa variação de si mesma, que se processou no decorrer daquele jogo, funcionou para multiplicar as possibilidades de conexão com aquele encontro.

Mas é precisamente essa mobilidade afetiva que ainda a impacta. Tanto que, no final dessa parte da entrevista, ela continua relatando seu estranhamento diante de algumas atitudes que, do seu ponto de vista, não têm "lógica racional". Ela conta: "eu ficava tranquila quando tinham os mesmos barulhos de sempre, eles falando, o rádio ligado, isso já me era algo familiar". Conforme o controle de riscos se configurou como uma atividade importante no jogo, a regularidade dos sons passou a acalmá-la, dando a sensação de que a situação poderia estar sob controle. O medo se intensificava "quando ficava muito diferente, muito silencioso, eu ficava mais assustada". Nesse caso, o controle sobre a rotina se perdia e os sons já não eram mais facilmente decifrados. De alguma maneira, Ester percebia uma maior vulnerabilidade em face daquele acontecimento, que não podia ser totalmente representado, muito menos controlado. Encontrando o limite de sua vigilância, Ester experimentou também sua fragilidade diante do caráter imprevisível da situação – de microacontecimentos que desorganizavam a rotina do cativeiro. Em decorrência disso, ela se deu conta da impossibilidade de controlar tanto os fluxos (de vozes, de pessoas, de barulhos) que atravessavam aquele encontro quanto suas intensificações afetivas. Assim, ela constatou: "Bom, não adianta eu controlar".

Pode-se dizer que, observando, prevendo riscos e aparentando ser passiva, Ester acolheu a experiência como um conjunto de signos a serem decifrados, criando, com essa abertura, uma espécie de envergadura interna para sobreviver naquela situação. Tal envergadura, presente durante aqueles dias de restrição da liberdade, foi um elemento fundamental para que ela pudesse agir e conquistar sua liberação.

Aqui, temos um paradoxo: a situação de maior restrição da liberdade, vivida nos dias de cativeiro, foi também aquela em que Ester experimentou um maior grau de potência para deixar-se afetar pelos dados e para afetar os sequestradores com sua atitude obediente, que foi então, de certa forma, traduzida como confiabilidade. O sequestro chegou ao fim quando, por meio de suas ações e contando com um acaso favorável, ela contraefetuou o acontecimento (Deleuze, 2000, p. 151-6): Ester rompeu o pacto, transformando o adverso a seu favor e invertendo aquela correlação de forças que a sujeitava. Com isso, sua participação culminou na conquista da liberdade e na prisão dos sequestradores.

Mas, foi ao se distanciar espacial e temporalmente do acontecimento-sequestro que Ester passou a lidar de maneira diferente com os desdobramentos dessa experiência. Ela afirma: "Até parece que todo o susto ficou pra depois". Vejamos como esse susto adiado vem se manifestando em seu cotidiano.

Primeiro ela relata que tende a manter-se o tempo todo alerta a detalhes referentes a situações e pessoas que estão ao seu redor e que, de alguma forma, são mapeadas como tendo "cara de bandido". Assim, ao viver intensamente aquela situação de violência, Ester experimentou uma mudança na maneira de se relacionar com os outros, que, por sua vez, lhe acarretou "uma perda, [...] um sequestro da ingenuidade, um sequestro da confiança. Porque o sequestro físico é menos ruim do que o sequestro da confiança, da ingenuidade, do fato de você não estar sentindo que existem perigos". Tomando em consideração os mínimos detalhes que intensificam o medo, cada pessoa ou situação mapeada por ela como suspeita torna-se uma espécie de inimigo ou de risco em potencial, para o qual é preciso manter-se atenta e, de preferência, a distância.

Tendo sido a ingenuidade e a confiança sequestradas, esse mapa de riscos se sobrepõe a grande parte dos outros encontros vividos, e isso, de alguma maneira, impossibilita um contato mais efetivo com os novos dados que a vida cotidiana continua a oferecer. Aderir à vigilância permanente imprime direção a seu cotidiano, que passa a ser preenchido com a tarefa de detectar perigos e de se distanciar do que é avaliado como "esquisito", sendo que isso, de alguma maneira, bloqueia a potência do seu corpo para deixar-se afetar pelos novos encontros. Assim, Ester continua seu argumento: "Porque eu nunca mais posso andar e me sentir livre, eu estou sempre vigiando. Tô sempre atenta para ver se tem um motoqueiro que está do lado, se tem um carro, tô antecipando". A tentativa de mapear perigos e possíveis inimigos prolonga-se como uma tarefa quase infinita e, ao mesmo tempo, muito mais precisa, capilar e onipresente do que a intervenção de uma instituição profissionalizada. De certa maneira, a cada novo contato com o "esquisito" há uma reativação da memória da violência vivida e, diante dela, o medo passa a comandar suas ações.

Repetir o monitoramento talvez sirva como uma estratégia para proteger-se, diminuindo a angústia ante a consciência da vulnerabilidade do seu corpo em relação ao acaso dos encontros. No entanto, é possível entrever uma configuração ainda mais severa à medida que Ester executa essa atividade sem nenhuma interrupção. Ainda mais vivendo em uma metrópole onde os encontros e os dados se multiplicam infinitamente quando comparados à situação do cativeiro. Essa multiplicação de dados desafia qualquer forma de controle.

Diante do mal-estar e do susto gerados pelo risco de ser novamente surpreendida por um desconhecido violento, a repetição do controle funciona como tentativa de produzir uma fuga antecipada. Podemos ter uma ideia de como esse monitoramento se repete quando ela conta:

> Outro dia eu estava descendo, aqui, uma ladeira [...] eu estava com o carro do meu marido, que é um carro melhor [...]. Eu tinha um espaço pra eu continuar, mas fiquei parada um pouquinho porque eu achei que o espaço pra seguir na fila era um pouco apertado. Aí [...] chegou do meu lado um carro Chevrolet velho com quatro caras grandões [...] eles pararam do meu lado, a porta de um abriu e um cara enorme desceu. Imediatamente eu desci para aquele lugar que eu tinha achado que o carro não passava. Aí o cara fez de conta que estava olhando o pneu. Agora, na minha cabeça, não sei se era pra olhar o pneu mesmo ou se ele ia fazer um sequestro-relâmpago. Então, eu estou sempre imaginando que ele poderia descer, abrir a porta pra fazer um sequestro-relâmpago.

Fugir tornou-se para Ester, naquele momento, uma solução provisória e vital. Talvez ela se sinta mais ativa criando para si mesma tais hipóteses e se esforçando ao máximo para escapar antes que elas possam se efetuar: "Ao mesmo tempo eu me senti desperta: 'Que bom, não fui uma pata-choca'". Porém, mantendo-se conectada a essa repetição do controle, ela reativa continuamente a memória da violência e permanece prisioneira em uma espécie de cativeiro a céu aberto.

Apesar de experimentar certo alívio graças à estratégia de fuga adotada – "Ufa, consegui escapar de uma situação de potencial perigo ou de perigo imaginário, né? Fui ativa, fugi" –, nota-se que existe algo nesse monitoramento que a incomoda. Ester está ciente de que não pode antever se o desdobramento da situação culminará ou não, de fato, em um ato de violência. Ela continua: "Não sei se iria acontecer ou não, mas na minha cabeça seriam o momento, a oportunidade e a forma de isso acontecer". A energia gasta para manter-se conectada corporalmente a essa máquina gera aflição, ansiedade e leva a um corpo cada vez mais esgotado. Tanto que Ester deixa claro o fato de não saber o que faria se tivesse certeza sobre a concretização de um crime quando diz: "Então, de alguma forma, a violência deixa marcas. Uma vez que você foi sujeito a um ato de violência, você primeiro já sabe reconhecer, já sabe antecipar, mas também não sabe o que fazer". As marcas assinaladas engendraram aprendizagens distintas: tanto relacionadas à capacidade para decifrar sinais quanto à constatação de que é impossível controlá-los de forma absoluta.

Quando questionada sobre a relação que estabelece com os equipamentos e serviços de segurança, Ester esclarece como constrói, a seu modo, uma condição de vigilante: "Eu não mudei equipamentos, mas fiquei mais assustada mesmo, alerta, como se isso fosse resolver alguma coisa. Porque na realidade eu sei que isso só me cansa". Novamente Ester mostra dúvidas acerca da eficiência dessa repetição. Entretanto, todo esse gasto de energia ainda não é suficiente para provocar um rompimento com essa máquina à qual está conectada.

E como ocorre essa conexão? Ester relatou sua preocupação com o que chama de "sinais". Durante todo o sequestro, ela procurou ficar atenta aos mínimos detalhes do que acontecia à sua volta. Suas observações respondiam a uma espécie de desafio que lhe era imposto a cada instante: encontrar maneiras de sair viva do confinamento. Para isso, Ester levou a sério a variedade dos sinais, pois, segundo a sua leitura, eles ajudavam a construir algum tipo de entendimento sobre o vivido. Assim, sua participação nessas investigações foi definitiva.

Mas, ao sair do cativeiro, o monitoramento passou a ser realizado em caráter permanente: "Então, você fica mais conectado em determinados, pequenos, sinais, que antes para você passavam como nada. Então, quando o cara abre a porta do carro, imediatamente eu penso que ele está vindo me atacar". Percebe-se que os dados atuais são outros, mas a estratégia de vigilância utilizada para detectar riscos, que tão bem funcionara nos dias de confinamento, acaba se sobrepondo a eles. Com isso, os novos sinais já não a convocam mais à decifração. Ao contrário, eles estão previamente decifrados segundo a óptica da violência vivida. Dessa maneira, a exposição ao acaso dos encontros e o reconhecimento da vulnerabilidade do corpo intensificam ainda mais o medo e a necessidade de agir antecipadamente. Lidar com os novos dados, como ela já registrou de maneira parcial, implica acionar mais uma vez sua potência para experimentar a vulnerabilidade do corpo. E isso provoca ainda mais medo. Talvez essa necessidade recorrente de controle guarde certa vizinhança com o medo da morte mencionado em diversos momentos da entrevista. Nesse caso, não se trata apenas da morte concreta e definitiva do corpo, mas também de mortes parciais, que envolvem a ameaça de desorganização, de desconstrução e de desagregação de um modo de viver conhecido e desejado, que até então esteve em curso. Isso também implica saber que, uma vez em contato com o acaso de um acontecimento, outros modos de se relacionar com o mundo podem emergir. Temos aí um indício de que a maior dificuldade hoje seja acolher o fato de que esse processo de desorganização, de dúvida e de variação é próprio da existência e que ele persistirá enquanto houver vida.

Já no final da entrevista, quando questionada sobre a intervenção da mídia na questão da violência, Ester comenta que existe "certo distanciamento" entre aquilo que é relatado nos programas televisivos e o que é realmente vivido por alguém que foi surpreendido por uma situação de violência. Assim, ela relata:

> a gente sempre tem uma forma de minimizar o fenômeno de violência, mais ou menos como uma pessoa que assiste, ou você é tomado de uma forma coletiva. Ao passo que, quando você vive, tem a certeza de que isso existe, é diferente. Não é uma coisa que é visual, que é mental, que você vê pela televisão, a violência em geral. Você vê, tem distância.

A distância constatada por Ester ajuda a entender como os dispositivos de controle, amplamente disseminados no cotidiano, são capazes de produzir os mais diferentes efeitos na vida da população, pois também eles colocam em circulação diversos componentes que concorrem para se afirmar na produção de subjetividades. No entanto, os efeitos dessas informações na vida de cada um são sempre indeterminados, visto que nunca será possível controlar a maneira como alguém será afetado e como agirá diante de um encontro intensivo com o inusitado. De qualquer maneira, vale lembrar que, no cativeiro, Ester se recordou de uma notícia que viu em jornais e essa lembrança foi tomada em consideração no momento em que se viu convocada a construir uma estratégia para sobreviver.

Pode-se dizer que esse acontecimento vem produzindo efeitos singulares na existência de Ester. Dentre eles, ela destaca o seguinte aprendizado:

> Mas pelo menos eu já sei onde olhar. Isso eu não sabia. Então, acho que, na hora que acontece com você, você começa a criar repertórios, que fazem parte da tua vida, repertório de conduta, repertório de acontecimentos, repertórios de papéis, que antes você não tinha. Acho que essa é a diferença, que não vem pelo fato de você ver, de você saber. Você não tem as pautas do papel, a maneira como aquilo acontece.

Com base nesse fragmento da entrevista, pode-se dizer que o contato intensivo com um acontecimento inusitado coloca em curso processos de subjetivação que ampliam as maneiras como o sujeito se conecta ao mundo. E não se trata, nesse caso, de mera adaptação. Isso porque os paradoxos e as contradições emergentes convocam o sujeito a questionar aquilo que lhe ocorre, e tais interrogações, como não admitem respostas rápidas e definitivas, insistirão por um bom tempo. Por isso mesmo, um exercício desse tipo também dá movimento a processos de individuação ao acrescentar novas maneiras de "olhar" ou, em outras palavras, novas perspectivas segundo as quais é possível compreender aquilo para o que "você não tem as pautas do papel".

Percebe-se que foi somente ao entrar em contato com essa experiência desorganizadora que Ester criou uma maneira singular de lidar com ela. E isso pode ser notado quando ela diz:

> É isso que você aprende quando está metido na experiência. Você aprende como é mesmo. Como é o detalhe do detalhe do vivencial daquele fato, não só o nome, acontece nessa sequência, é com tridimensionalidade, parece, de dentro e de fora. É como se fosse uma coisa que gira dentro e fora e, quando você vê na televisão, você só vê de fora. Acho que tem uma grande diferença.

Existem diferentes maneiras de experimentar a ação das forças que circulam do "lado de fora", e não é possível verificar imediatamente como essa experimentação produzirá efeitos do "lado de dentro", pois isso dependerá da situação e do grau de potência de cada corpo para acolher e experimentar aquilo com que defronta. De qualquer maneira, é nessa passagem intensiva entre "dentro" e "fora", nesse combate, que se opera a construção de novos modos de existência.

Assim, é difícil, por exemplo, encontrar atualmente uma pessoa que não saiba o que é um sequestro. Entretanto, os afetos que nascem desse encontro violento, as soluções construídas para lidar com cada um de seus detalhes e a "tridimensionalidade" dessa experiência não necessariamente podem ser traduzidos em palavras ou em informações. Ester viveu de perto a vulnerabilidade do corpo em relação ao acaso dos encontros. Desde então, ela vem experimentando uma alternância entre sua potência e seus limites, tentando absorver, elaborar e digerir essa experiência intensa, vivida como um "susto".

Ela ainda relata:

> Eu poderia ser uma assaltante hoje em dia, eu já sei onde eu posso pegar uma pessoa fácil, fácil, qual é o momento propício. [...] Então você começa a saber como é, o *modus operandi* mesmo. Dentro e fora. Acho que tem essa coisa de você estar metido na experiência, mergulhado na experiência, sentindo, experimentando e vivendo na sua microdosagem, na sua microcalibragem. É pegar mesmo, é a sensação de estar pegando.

Vemos aqui que a produção do sujeito não para de se processar. Entrar em contato com essa experiência mostra a Ester outras dimensões daquilo que ela pode vir a ser, incluindo, nesse caso, as habilidades e os conhecimentos necessários para se tornar uma assaltante. Talvez ela nunca tenha considerado essa possibilidade e até a rejeite categoricamente. Entretanto, o contato com as "microdosagens" e "microcalibragens" dos dados presentes nas experiências de violência vividas lhe deram acesso a essa aprendizagem fina e sofisticada.

Ester destaca, então, outra nuança desse processo, que é sempre muito próprio: ele envolve uma história de sensibilidade, construída no decorrer de sua trajetória de vida. Resgatando essa história afetiva, ela constata:

> Eu não tenho como enfrentar o bandido na violência, tenho como enfrentar o bandido no papo, tenho como enfrentar o bandido na capacidade de codificar coisas, tentar achar saídas. É vivendo e pensando à minha moda, não pensando à moda do bandido, porque acho que isso eu nunca vou conseguir fazer. É pensando à minha moda dentro da situação.

O reconhecimento dessa história extensiva, composta também por múltiplas experiências intensivas, permite a Ester cartografar seus graus de potência. Mas tal conhecimento também não oferece respostas prontas que possam ser imediatamente aplicadas aos novos encontros. Assim, mesmo afirmando a importância da própria história, ela constata que cada possibilidade de ação só pode ser dimensionada "dentro da situação". Nesse sentido, é possível compreender por que cada solução provisória por ela construída (vigilância, fuga, controle) não suprimiu o campo problemático no qual ela foi lançada. Há uma pergunta que "persiste através de todas as respostas" (Deleuze, 2000, p. 59) por ela elaboradas. Essa questão diz respeito à variação da potência de seu corpo. E, diante dela, só é possível ensaiar respostas parciais, que mudam de contorno a cada novo contato com os dados.

Sabemos que é impossível fazer uma consulta prévia para verificar se um sujeito poderá dar conta ou não de viver aquilo que lhe ocorre. Um acontecimento não se presta a esse tipo de parecer. Ele é sempre abrupto e imprevisível. Sobre isso, Ester diz:

> Não sei, se eu tivesse que passar por outra situação de violência, se tudo isso não me deixaria ainda mais assustada e fragilizada, com mais medo, mais desespero. Eu tenho a ideia de que essa experiência não serviu pra eu saber lidar com a violência, não. Eu sei lidar menos com a violência. Eu tô mais vitimizada, mais capaz de imaginar a violência de uma forma antecipada. Antes eu era mais ingênua, não era capaz de ficar imaginando como era possível gente se esconder pra assaltar, pra roubar, pra pegar alguém quando tá abrindo uma garagem. Talvez eu fosse mais desencucada.

Nota-se, então, como um acontecimento experimentado intensivamente produz ressonâncias que insistem e que se prolongam para além daquele tempo em que foi vivido.

Nessas últimas considerações de Ester, podemos observar quanto os processos de subjetivação fazem o sujeito se diferenciar de si mesmo, assumindo opiniões e posições distintas. Assim, ao mesmo tempo que escutamos seus argumentos acerca da impossibilidade de exercer controle absoluto sobre o vivido e da necessidade de estar "mergulhado na experiência" para, com base nela, criar possibilidades de ação, em outros tantos momentos ela insiste em relatar a repetição escrava daquele monitoramento que tanto lhe "cansa" e "assusta". Essas distintas posições atravessam o cotidiano de Ester, incitando um processo complexo de elaboração que não pode, de maneira nenhuma, ser reduzido a uma explicação meramente racional ou lógica. Precisamente essas diferenciações a desafiam a insistir na problematização do acontecimento vivido e de seus desdobramentos.

Ester termina a entrevista dizendo: "Então você vai inventando enredos de perigo. É uma pena, porque você fica tão cansada...

Dá vontade de exorcizar". Temos aí novamente um indício da variação do grau de potência do corpo, que ocorre quando o contato com os dados de uma sociedade insegura se cruza com as marcas intensivas da violência vivida. Desse modo, seu desafio hoje é saber que vive em uma sociedade atravessada pelo medo, pela violência e pelas formas de controle e, dentro desse contexto, criar maneiras de lidar com isso, agarrando-se às potências e mapeando os limites que a cercam, mas que, como ela já consegue constatar em parte, não são conhecidos de forma definitiva.

Talvez o desejo de exorcizar, gerado pelo cansaço desse corpo que, em larga medida, ainda se mantém preso a uma repetição escrava do controle dos encontros, requeira de fato um "exorcismo afetivo" (Rolnik, 2005). E este envolve uma desconstrução paciente e insistente daquele mapa de riscos dominante (construído durante o tempo de cativeiro), que recoloca em cena todos os medos. Dessa maneira, é preciso que esse mapa seja esvaziado daquele sentido que o sustenta e que considera tudo aquilo que é "estranho" como necessariamente violento e perigoso. Somente esse esvaziamento poderá abrir espaço para o esquecimento e para a experimentação dos novos dados.

Vale mencionar que uma análise sobre as possibilidades de sujeição ou de resistência às mais diferentes formas de controle passa necessariamente por um campo no qual cada sujeito percorre uma multiplicidade de posições, variando seu grau de potência para experimentar os encontros. Percorrer esse campo é percorrer a própria produção de subjetividade. Trata-se de um "caminho que jamais acaba" (Deleuze, 2006, p. 134), um caminho que torna a análise dos dispositivos, bem como das linhas de subjetivação, uma tarefa bastante complexa.

Considerações finais

Durante o percurso investigativo e descritivo desta obra, constatamos que a produção de dispositivos não envolve um procedimento simples pelo qual se impõem condutas para alguém que estaria totalmente submetido a eles. Ao contrário, os dispositivos são resultado de uma produção coletiva, da qual cada sujeito pode participar de diferentes maneiras e com diversas intensidades, como coprodutor.

Assim, o mapeamento das situações de controle, agrupadas nos três feixes de linhas analisados, serviu como um primeiro passo para desnaturalizá-lo. Isso porque, como vimos, existe um conjunto heterogêneo de enunciados, práticas, leis, programas institucionais e áreas arquitetonicamente planejadas que estão distribuídos pelos mais variados contextos e que colocam os dispositivos em funcionamento. Ao buscar atender às expectativas de segurança e controle tão presentes no discurso coletivo, os dispositivos praticamente se autolegitimam, produzindo efeitos na subjetividade. Em razão disso, o sujeito, imerso em suas atividades cotidianas, por vezes não nota como se dá sua participação nesse empreendimento nem que implicações decorrem dele. Pode-se dizer, então, que a abertura para acolher os dispositivos de controle como uma série de procedimentos inquestionáveis e indispensáveis para a sobrevivência já é um dos componentes de subjetivação que sustentam essa aparente naturalidade.

Outro risco, também decorrente desse processo de naturalização dos dispositivos, consiste em adotar uma posição niilista, afirmando algo como: "Não tem saída alguma, o controle é mesmo absoluto". Nesse caso, não se tem uma simples avaliação negativa, mas, indissociável dela, está presente uma posição dogmática e totalizante diante da qual as possibilidades de luta, resistência e ruptura tendem a ser minimizadas. Dizer que o controle é absoluto ajuda a construir a imagem de um único controlador, detentor de poderes superiores, por meio dos quais ele seria capaz de manipular a vida e decidir sobre a existência de alguns ou de muitos[1].

Entretanto, o que uma análise mais cuidadosa das práticas atuais de controle coloca em evidência é que a eficácia desses dispositivos decorre precisamente do seu caráter múltiplo, móvel e descentralizado. Apesar disso, seus limites são evidentes, pois a possibilidade de um sujeito acolher um dispositivo em seu cotidiano e lhe atribuir certa funcionalidade é sempre circunstancial: existe aí um amplo movimento que permite que cada sujeito esteja ora conectado, ora em fuga, ora indiferente aos dispositivos, e cada uma dessas possibilidades só pode ser avaliada dentro de cada situação. A produção de um sujeito acontece, assim, em meio a um combate.

Desse modo, para Deleuze (1992, p. 220), no interior de cada regime de poder há jogos complexos de forças em que "se enfrentam as liberações e as sujeições". A atualização desse combate a cada nova experiência impossibilita a instauração de um controle arrebatador e absoluto de tudo e todos. Situar a prática da psicologia nesse campo problemático é decisivo, pois, estando atenta à presença sempre renovada desses embates, ela tem condições de multiplicar as perspectivas segundo as quais os

---

[1] E, nesse caso, retornaríamos àquela forma de controle centralizado relatada no início deste livro, com a menção aos romances *Admirável mundo novo* (Huxley, 2001) e *1984* (Orwell, 1975).

casos clínicos, as instituições, os movimentos sociais e os acontecimentos podem ser analisados. Trata-se de acompanhar os "imprevisíveis jogos entre o liberar e o controlar" (Orlandi, 2002, p. 235), sendo que, diante deles, a ideia de um controle absoluto fica mais e mais distante.

Parte dessas variações pôde ser notada no relato feito por Ester, que, atenta aos dados daquela experiência limítrofe de sequestro, conectou-se ao que chamou de "jogo de sobrevivência" e, ainda que em situação de sujeição, multiplicou suas possibilidades de questionamento e de participação, observando cada movimento dos sequestradores e daqueles que estavam na vizinhança do cativeiro. As regras daquele jogo foram definidas em um regime de sujeição. Mas, também naquela circunstância, elas não eram absolutas e sofriam variações a cada instante. Para lidar com aquela situação, Ester contou quase exclusivamente com um corpo afetável, capaz de observar detalhes e elaborar questões investigativas como: quem e quantos são eles? Como agem? Existem outras pessoas envolvidas? Que tipos de barulho e que rotinas há no cativeiro? Com quem é possível contar e em quais circunstâncias? Somente ao deixar-se afetar por aquele encontro e acolher os dados que nele se faziam presentes, ela conseguiu construir uma série de sentidos para o vivido, além de vislumbrar e ensaiar saídas, revertendo assim uma situação de controle que tendia para o absoluto. Pode-se notar, na primeira parte da entrevista, um revezamento complexo entre liberações e sujeições que se modificava a cada instante, e, com isso, redistribuía o poder entre os envolvidos.

Assim, dizer que uma sociedade caracterizada pelo controle está tomando forma é considerar que se torna cada vez mais possível selecionar, analisar e controlar um maior número de fluxos que atravessam e organizam a existência – e esse controle pode ser facilitado por diferentes agentes e com diferentes objetivos (sejam eles legais ou ilegais). Com isso, é tão comum encontrar equipamentos que facilitam o controle dos mais variados fluxos, como de pedestres, veículos, dinheiro, mercadorias, drogas, vírus, ruídos, animais, palavras, enfim, uma lista que, como vimos, se expande a cada dia, contando com o apoio maciço da tecnologia. Trata-se de uma atenção minuciosa e dirigida a determinados aspectos da existência que funcionam, em alguma medida, de acordo com regularidades e especificações amplamente examinadas. E aqui o foco não recai, necessariamente, sobre o indivíduo, mesmo porque os fluxos monitorados podem ser bem menores que ele. Aliás, o corpo do indivíduo é atravessado por milhares de microfluxos, sendo que ele nem sequer tem consciência da maioria deles. Assim, os agentes e aparatos de controle ocupam-se daquela parcela de fluxos que já está atualizada e pode, em certa medida, ser representada. Imerso em um contexto que facilita esses monitoramentos, o sujeito tende a acompanhar mais atentamente seu percurso e seus bloqueios, reativando, quase por conta própria, um controle que antes era efetuado por agentes especializados (como a polícia).

Nas descrições feitas, ficou evidente que a seleção e a análise dos fluxos estão se expandindo com velocidade acelerada. Com isso, o controle está penetrando em dimensões da existência outrora preservadas, uma vez que eram consideradas parte da vida privada ou da intimidade do sujeito. Ao romper a barreira entre vida pública e vida privada, os dispositivos de controle tornam-se mais presentes e mais disseminados no cotidiano, e, por extensão, passam a ser mais frequentemente abordados nos encontros sociais.

Contudo, podemos considerar, com base no trabalho dos autores que até agora foram citados nesta obra[2], que a vida humana não se deixa apreender completamente segundo regularidades ou especificações. É impossível controlar aquelas dimensões intensivas que atravessam os encontros e para as quais não existem possibilidades de representação imediata e, portanto, de

---

2 Em especial Michel Foucault e Gilles Deleuze.

controle. Trata-se, nesses casos, de agitações e de variações que afloram somente quando o sujeito entra em contato com os dados de cada experiência e é afetado por sua passagem. Precisamente essa experimentação escapa a um poder representativo. Desde já podemos dizer que tal movimento existe apenas nos encontros intensivos. Há, assim, uma irredutibilidade da vida (e de seus fluxos) às formas de controle, sejam elas quais forem. E tal irredutibilidade está em sua renovada potência de ruptura, criação e transformação, que extrapola os comandos e as estruturas necessários ao "bom funcionamento" de um dispositivo.

Assim, quando se analisa a emergência de novos componentes de subjetivação, percebe-se que eles não provêm, em primeira instância, dos dispositivos de controle vigentes, mas da potência psíquica e política de todos e de cada um que participa das invenções e das transformações sociais – inclusive daquelas que produzem novos dispositivos. A mesma vida que é minuciosamente investigada, monitorada e serve como ponto de partida para a construção dos dispositivos é também aquela que tem a potência necessária para atrapalhar seu funcionamento e decretar sua obsolescência.

Pode-se considerar, então, que os limites do controle existem porque, como vimos, cada encontro vivido pelo sujeito, por mais previsível, regulável e programável que possa ser ou parecer, é habitado por microacontecimentos intensivos (muitas vezes indizíveis e invisíveis) que emergem ao acaso e alteram a correlação de forças nele presente. Sem dúvida, existem certas regularidades nos modos de vida e nos fluxos que são monitorados pelos dispositivos de controle. Porém, com tais regularidades coexistem inúmeros jogos de forças que redistribuem, aleatoriamente, os componentes que participam de cada situação.

Segundo essa perspectiva, que concebe a existência como uma construção mutante, é indispensável para as práticas da psicologia atentar para os detalhes e para os mínimos jogos de poder que se configuram em um campo social, buscando compreender as maneiras como os dispositivos são engendrados. E, principalmente, acompanhar e cartografar como o sujeito se move singularmente entre os dispositivos, podendo acolhê-los, recusá-los, transformá-los ou nem sequer percebê-los. Cabe destacar que suas ações e posicionamentos – ou seja, o modo como cada um recorta os dispositivos e os coloca em funcionamento, em diferentes graus – também produzem efeitos no plano das relações de poder.

A essa altura pode-se indagar: o que faz que um sujeito se conecte ou não a certo dispositivo e se envolva com sua problematização? Como já vem sendo assinalado, as respostas a essa questão serão sempre múltiplas e situacionais. Mas vale ressaltar que, dentre elas, um componente subjetivo se destaca: cada vez que o sujeito aciona um dispositivo, surge o indício de um investimento desejante. Tal investimento é feito por miríades de pequenas conexões intensivas que ligam, cortam, agrupam e dissolvem composições, mantendo o processo de produção de si mesmo e do mundo em um movimento inesperado e aberto. Pode-se dizer, assim, que é por intermédio do desejo que o sujeito se inscreve nos dispositivos e lhes dá consistência, colocando-os em ação ou tirando-os de circulação. A psicologia, em suas diferentes áreas de atuação, tem condições de investigar a natureza desses investimentos: os conflitos, os questionamentos, as satisfações e frustrações experimentados pelo sujeito quando ele entra em contato com cada máquina de controle que atravessa seu cotidiano e produz efeitos em seu psiquismo.

Todavia, cabe lembrar que a dimensão desejante, presente e atuante no processo de constituição tanto do sujeito quanto dos regimes de poder, também passou a ser amplamente analisada e incluída nos cálculos do controle. Nesse sentido, Foucault (1996a, p. 148) assinala:

[...] se o poder só tivesse a função de reprimir, se agisse apenas por meio da censura, da exclusão, do impedimento, do recalcamento, à maneira de um grande superego, se apenas se exercesse de um modo negativo, ele seria muito frágil. Se ele é forte, é porque produz efeitos positivos a nível do desejo – como se começa a conhecer.

Por meio desses "efeitos positivos a nível do desejo", certos dispositivos são aceitos, interiorizados e amplamente legitimados pelos indivíduos, que passam a considerá-los indispensáveis para sua sobrevivência. Assim, o controle se efetua ali, onde menos se espera, e o faz pela produção e pela intensificação do desejo. É em razão desses efeitos positivos que, em diversas ocasiões, os dispositivos de controle aparecem para o sujeito e para a comunidade como resposta eficaz a uma necessidade concreta. Uma escola, por exemplo, que enfrenta problemas de violência contra seus alunos, pais e funcionários tende a desejar a implantação de dispositivos de vigilância austeros, ainda que eles tragam também diferentes restrições e constrangimentos. Nessa correlação de forças, em que componentes como a violência, o medo e a insegurança entram em jogo, a adesão ao dispositivo tende a ser vencedora.

Daí a necessidade de percorrer os indícios de desejo, verificando que tipo de experimentação aí se faz presente e quais são as novas conexões que estão em via de ser experimentadas pela adesão aos dispositivos. Uma investigação assim propicia a abertura de um leque de problematizações bastante diversificado, sendo que, por intermédio delas, compreende-se que o desejo amplia a análise daquilo que liga o sujeito aos dispositivos, uma vez que também demonstra a funcionalidade singular que é construída por ele em cada nova situação.

Em consonância com essa complexidade, Deleuze (1992, p. 218) assinala: "É ao nível de cada tentativa que se avalia a capacidade de resistência ou, ao contrário, a submissão a um controle". Em nosso entendimento, há nessa consideração um desafio instigante a ser acolhido pela psicologia: afinal, falar em processos de subjetivação implica considerar que existem diferentes maneiras pelas quais um sujeito pode se conectar às produções sociais que estão em circulação, incluindo os dispositivos contemporâneos de controle. Cada ação de acolhimento ou de resistência envolve posições políticas distintas que, por sua vez, produzirão modos de vida também distintos. Assim, aceitar tal desafio vai muito além da decisão individual, pois implica uma problematização de ordem política e, como vimos, desejante.

No decorrer deste livro encontramos situações nas quais o sujeito pode ora se inscrever em parte dos dispositivos com intuito de organizar sua existência, ora romper com eles, exercitando sua potência para escapar e criando novas possibilidades de existir. Vale, então, questionar: a propósito dos problemas enfrentados no dia a dia, o sujeito experimenta liberações ou sujeições? Quando há possibilidade de liberação, temos sujeitos relativamente livres e senhores de si naquela situação. Já quando essa possibilidade é restrita, temos as mais diversas formas de sujeição. O resultado desses enfrentamentos não é dado de forma definitiva nem pode ser avaliado apenas por seus efeitos imediatos.

Sabendo que os problemas e as questões enfrentados pelo sujeito se modificam a cada novo encontro, pode-se dizer que nesse processo de elaboração dos afetos é o próprio sujeito quem se modifica. É nesse sentido que o conceito de envergadura interna pode ser aqui retomado como mais uma ferramenta conceitual que nos ajuda a compreender essas mudanças. Como vimos, a envergadura é produzida em circunstâncias muito específicas, possibilitando ao sujeito uma maior abertura para transitar entre os dados, os afetos e, principalmente, transitar pela variação de potência que seu corpo é capaz de experimentar quando em contato com os acontecimentos. Podemos dizer, assim, que o sujeito aqui analisado se constitui à medida que entra em contato com os dados de cada experiência e, de maneira desejante, é capaz de agir sobre eles, podendo reverter seus efeitos.

A envergadura para lidar com essa variação conduz novamente ao processo de individuações sucessivas pelo qual o sujeito se diferencia de si mesmo a cada novo encontro intensivo. É nesse contexto mutante que a resistência pode ser compreendida. Por meio dela é possível ensaiar maneiras de ultrapassar aqueles dispositivos que limitam e empobrecem a vida. Deleuze e Guattari (1996, p. 94) observam que as possibilidades de resistência são criadas por ocasião de cada novo encontro, como "se uma linha de fuga, mesmo que começando por um minúsculo riacho, sempre corresse entre os segmentos, escapando de sua centralização, furtando-se à sua totalização". Assim, as linhas de resistência são ensaiadas durante o contato do sujeito com a passagem dos dados e dos fluxos que atravessam seu cotidiano e com os quais ele produz novas e inusitadas combinações. Essa criação pode acontecer de maneira sutil, delicada e não imediatamente perceptível.

Por isso mesmo, não há um lugar privilegiado onde se possa encontrar a resistência. Não há o momento da grande recusa ou ainda uma resistência pura. Resistência e controle por vezes andam juntos e, de certa maneira, estamos nos dois lados ao mesmo tempo. Nesse sentido, Foucault (2003e, p. 35) ressalta: "Não podemos nos colocar fora da situação, em nenhum lugar estamos livres de toda relação de poder. Mas nós podemos sempre transformar a situação". O mais importante nessa citação de Foucault é que, com a presença irredutível das relações de poder em cada nova situação, a luta por uma vida mais potente fica preservada. Somente ao trazer a discussão sobre os dispositivos e as formas de resistência para essa perspectiva irredutível da luta pode-se vislumbrar uma prática da psicologia politicamente posicionada e capaz de fazer alianças com aquilo que aumenta a potência de ação do sujeito, para que ele construa novas maneiras de expressar os afetos e agir no mundo.

Mas ainda é preciso avançar. A cada vez que o jogo entre sujeição e liberação é produzido, surge outra questão política para ser analisada: o que posso fazer com cada dispositivo que me atravessa a cada momento? (Orlandi, 2002). Ester talvez nos tenha dado um indício de como responder a tal questão quando, uma vez submetida quase totalmente à dominação dos sequestradores, acionou a potência de afeto do seu corpo para produzir outras conexões cujo resultado era imprevisível. Mas, após ter sido libertada do cativeiro, verificou-se que essa potência sofreu transformações. Marcada pelo medo da violência, ela passou a adotar atitudes de controle e de prevenção mais rígidas, as quais, de certa forma, restringem seu contato com o mundo. Pode-se dizer que em ambas as situações é o corpo afetável que comparece, conectando-se diferentemente aos encontros. Assim, cada ato realizado pode ser compreendido como aquilo que um corpo é capaz de fazer sob certas circunstâncias e certa conjunção de forças. Nesse sentido, pode-se afirmar que a potência afetiva de um corpo se modifica a cada novo encontro e só é possível conhecê-la transformando o corpo em um objeto de indagação.

Claro que essa investigação não representa uma tarefa simples. Por vezes, os encontros podem ser por demais violentos, a ponto de bloquear o contato do sujeito com a passagem dos fluxos e dos afetos. De maneira defensiva, ele pode ficar restrito àquelas conexões reconhecidas como mais familiares e cujos perigos poderiam ser, sob sua óptica, contornados. Mas, nesse caso, o risco maior é permanecer prisioneiro da memória das feridas que foram produzidas no corpo ao longo de sua vida e adotar uma postura majoritariamente reativa e defensiva diante dos encontros.

Naffah Neto (1998, p. 29) considera que, quando "o corpo não possui enzimas capazes de digeri-lo, o acontecimento é, via de regra, traumático". Lidar com esses sintomas e traumas emergentes requer um elevado grau de prudência e paciência, para entrar em contato com cada um daqueles afetos que não puderam ser elaborados. Por vezes, o medo reativado pela memória de tais feridas aumenta a necessidade defensiva de mais controle. Daí a importância da criação de condições investigativas para percorrer e analisar as conexões experimentadas pelo sujeito em seu contato com as adversidades e diferenças. E, baseado nessas investigações, buscar novas maneiras por meio das quais lhe seja possível expressar os afetos intensivos que tanto perturbaram ou desorganizaram o modo de ser mais conhecido. Somente com esse acolhimento haverá espaço para que outras experiências sejam vividas.

Detectar e multiplicar a potência de resistência em um mundo organizado com base no controle pode parecer impossível. Mas, ao mesmo tempo, é inegável que os acontecimentos não cessam de emergir e de disparar discussões sobre os impactos que esse regime de poder produz ao penetrar no cotidiano mais íntimo da vida da população. Nesses momentos de debate, fica evidenciada a multiplicação da diferença nas avaliações, no envolvimento político e no investimento desejante no que se refere aos dispositivos de controle.

Assim, se os sentidos não estão colados aos dados nem às experiências, há, em cada novo encontro, a possibilidade renovada de escapar das significações dominantes expressas em palavras de ordem e imperativos tão recorrentes em nosso cotidiano de controle. Claro que todas elas impactam o psiquismo de diferentes maneiras e em diferentes graus. Entretanto, é precisamente ali, onde elas perdem o sentido ou tomam configurações por demais intoleráveis, que novas lutas e novas possibilidades de resistência se ensaiam.

Deleuze (1992, p. 167) assinala: "Se um criador não é agarrado pelo pescoço por um conjunto de impossibilidades, não é um criador. Um criador é alguém que cria suas próprias impossibilidades, e ao mesmo tempo cria um possível". A resistência, como processo de criação, traça seus caminhos entre impossibilidades. Considerar a resistência como um projeto político consiste em acreditar no mundo como um lugar onde coexistem diferenças irredutíveis. Mas "significa principalmente suscitar acontecimentos, mesmo pequenos, que escapem ao controle" (p. 218). Talvez isso possa acontecer por um acanhado deslocamento nas maneiras de sentir e perceber os encontros.

A psicologia, quando exercida como uma prática política comprometida com o diagnóstico de seu tempo histórico, também se situa nesse campo problemático – e, quanto mais se dispuser à escuta dos novos componentes de subjetivação que são engendrados com o cruzamento das novas linhas emergentes, mais decisivo será seu trabalho. Sua contribuição consiste em criar espaços para que esses componentes subjetivos, manifestados por vezes na forma de sintomas e traumas, possam ser enunciados, acolhidos e elaborados. Com isso em vista, Deleuze (1992, p. 220) nos propõe um novo desafio: "Não cabe temer ou esperar, mas buscar novas armas" por intermédio das quais sejam produzidas ações efetivas de ruptura e de criação.

Referências bibliográficas

AGAMBEN, Giorgio. *Homo sacer: o poder soberano e a vida nua I*. Trad. Henrique Burigo. Belo Horizonte: Editora UFMG, 2002.

ALLIEZ, Éric (org.). *Gilles Deleuze: uma vida filosófica*. Trad. Ana Lúcia de Oliveira. São Paulo: Editora 34, 2000.

ARAÚJO, Hermetes Reis de (org.). *Tecnociência e cultura: ensaios sobre o tempo presente*. São Paulo: Estação Liberdade, 1998.

BURROUGHS, William. *A revolução eletrônica*. Trad. Maria Leonor Teles e José Augusto Mourão. Lisboa: Vega Passagens, 1994.

CARVALHO, Paulo Roberto de. *O tédio nosso de cada dia: uma abordagem parcial dos processos de subjetivação da contemporaneidade*. 1998. Tese (Doutorado em Psicologia Clínica) – Pontifícia Universidade Católica de São Paulo, 1998.

CARVALHO, Paulo Sérgio de. *Interação entre humanos e computadores: uma introdução*. São Paulo: Educ, 2000.

COSTA, Jurandir Freire. *O vestígio e a aura: corpo e consumismo na moral do espetáculo*. Rio de Janeiro: Garamond, 2004.

COSTA, Rogério da. *A cultura digital*. São Paulo: Publifolha, 2003.

DEBORD, Guy. *A sociedade do espetáculo*. Trad. Francisco Alves e Afonso Monteiro. Lisboa: Mobilis in Mobile, 1991.

DELEUZE, Gilles. *Foucault*. Trad. Claudia Sant'Anna Martins. São Paulo: Brasiliense, 1988.

_____. *Conversações*. Trad. Peter Pál Pelbart. São Paulo: Editora 34, 1992.

_____. *O mistério de Ariana*. Trad. Edmundo Cordeiro. Lisboa: Vega Passagens, 1996.

_____. *Crítica e clínica*. Trad. Peter Pál Pelbart. São Paulo: Editora 34, 1997.

_____. *Lógica do sentido*. Trad. Luiz Roberto Salinas Fortes. São Paulo: Perspectiva, 2000.

186 SONIA REGINA VARGAS MANSANO

_____. *Empirismo e subjetividade: ensaio sobre a natureza humana segundo Hume.* Trad. Luiz B. L. Orlandi. São Paulo: Editora 34, 2001.

_____. *A ilha deserta e outros textos.* Edição preparada por David Lepoujade; organização da edição brasileira por Luiz B. L. Orlandi. São Paulo: Iluminuras, 2006.

DELEUZE, Gilles; GUATTARI, Félix. *Mil platôs: capitalismo e esquizofrenia – v. 1.* Trad. Aurélio Guerra Neto e Célia Pinto Consta. São Paulo: Editora 34, 1995.

_____. *Mil platôs: capitalismo e esquizofrenia – v. 3.* Trad. Aurélio Guerra Neto, Ana Lúcia de Oliveira, Lúcia Cláudia Leão e Suely Rolnik. São Paulo: Editora 34, 1996.

_____. *Mil platôs: capitalismo e esquizofrenia – v. 4.* Trad. Suely Rolnik. São Paulo: Editora 34, 1997.

DELEUZE, Gilles; PARNET, Clair. *Diálogos.* Trad. Eloísa Araújo Ribeiro. São Paulo: Escuta, 1998.

DONZELOT, Jacques. *A polícia das famílias.* Trad. M. T. da Costa Albuquerque. 2. ed. Rio de Janeiro: Graal, 1986.

ELIAS, Norbert. *A solidão dos moribundos.* Trad. Plínio Dentzien. Rio de Janeiro: Jorge Zahar, 2001.

ESPINOSA, Benedito. *Espinosa.* Trad. Marilena Chauí [et al.]. São Paulo: Abril Cultural, col. Os Pensadores, 1983.

FOUCAULT, Michel. *Eu, Pierre Rivière, que degolei minha mãe, minha irmã e meu irmão.* Trad. Denize Lazan de Almeida. Rio de Janeiro: Graal, 1977.

_____. *História da sexualidade I: a vontade de saber.* Trad. Maria Thereza da Costa Albuquerque e J. A. Guilhon Albuquerque. Rio de Janeiro: Graal, 1988.

_____. "Poder – corpo". In: *Microfísica do poder.* Trad. Roberto Machado. Rio de Janeiro: Graal, 1996a.

_____. "Sobre a história da sexualidade". In: *Microfísica do poder.* Trad. Roberto Machado. Rio de Janeiro: Graal, 1996b.

_____. "Verdade e poder". In: *Microfísica do poder.* Trad. Roberto Machado. Rio de Janeiro: Graal, 1996c.

_____. *Resumo dos cursos do Collège de France (1970–1982).* Trad. Andréa Daher. Rio de Janeiro: Jorge Zahar, 1997.

_____. *Vigiar e punir: história da violência nas prisões.* Trad. Raquel Ramalhete. Petrópolis: Vozes, 1998.

_____. *A verdade e as formas jurídicas.* Trad. Roberto Cabral de Melo Machado e Eduardo Jardim Morais. Rio de Janeiro: Nau, 1999a.

_____. *Em defesa da sociedade: curso no Collège de France (1975-1976).* Trad. Maria Ermínia Galvão. São Paulo: Martins Fontes, 1999b.

SORRIA, VOCÊ ESTÁ SENDO CONTROLADO   187

_____. "A sociedade disciplinar em crise". In: *Ditos e escritos IV: estratégia, poder-saber*. Trad. Vera Lucia Avellar Ribeiro. Rio de Janeiro: Forense Universitária, 2003a.

_____. "A vida dos homens infames". In: *Ditos e escritos IV: estratégia, poder-saber*. Trad. Vera Lucia Avellar Ribeiro. Rio de Janeiro: Forense Universitária, 2003b.

_____. "Conversações sem complexos com um filósofo que analisa as 'estruturas do poder'". In: *Ditos e escritos IV: estratégia, poder-saber*. Trad. Vera Lucia Avellar Ribeiro. Rio de Janeiro: Forense Universitária, 2003c.

_____. "Prisões e revoltas nas prisões". In: *Ditos e escritos IV: estratégia, poder-saber*. Trad. Vera Lucia Avellar Ribeiro. Rio de Janeiro: Forense Universitária, 2003d.

_____. "Sexo, poder e a política de identidade". In: *Sexo, poder e indivíduo: entrevistas selecionadas*. Desterro: Nefelibata, 2003e.

_____. "Sexualidade e solidão". In: *Ditos e escritos V: ética, sexualidade, política*. Trad. Elisa Monteiro e Inês Autran Dourado Barbosa. Rio de Janeiro: Forense Universitária, 2004.

GEORGE, Susan. *O Relatório Lugano*. Trad. Afonso Teixeira Filho. São Paulo: Boitempo, 2002.

GLASSNER, Barry. *Cultura do medo*. Trad. Laura Knapp. São Paulo: Francis, 2003.

GUATTARI, Félix; ROLNIK, Suely. *Micropolítica: cartografias do desejo*. Petrópolis: Vozes, 1996.

HARDT, Michael; NEGRI, Antonio. *Multidão: guerra e democracia na era do Império*. Trad. Clóvis Marques. Rio de Janeiro: Record, 2005.

HARVEY, David. *A condição pós-moderna*. Trad. Adail Ubirajara Sobral e Maria Stela Gonçalves. São Paulo: Loyola, 1992.

HUXLEY, Aldous. *Admirável mundo novo*. Trad. Lino Vallandro e Vidal Serrano. São Paulo: Globo, 2001.

LASCH, Christopher. *O mínimo eu: sobrevivência psíquica em tempos difíceis*. Trad. João Roberto Martins Filho. 4. ed. São Paulo: Brasiliense, 1987.

LAZZARATO, Maurizio. "Le gouvernement par l'individualisation". *Multitudes*, n. 4, mar. 2001, p. 153-62.

_____. "Créer des mondes: capitalisme contemporain et guerres 'esthétiques'". *Multitudes*, n. 15, inverno 2004, p. 229-37.

LÉVY, Pierre. *O que é o virtual?* Trad. Paulo Neves. São Paulo: Editora 34, 1996.

MACHADO, Arlindo. "Máquinas de vigiar". *Revista USP*, n. 7, p. 23-32, nov. 1990.

NAFFAH NETO, Alfredo. *A psicoterapia em busca de Dioniso: Nietzsche visita Freud*. São Paulo: Escuta/Educ, 1994.

188 SONIA REGINA VARGAS MANSANO

_____. "Violência e ressentimento: psicanálise diante do niilismo contemporâneo". In: CARDOSO, Irene; SILVEIRA, Paulo (orgs.). *Utopia e mal-estar na cultura: perspectivas psicanalíticas*. São Paulo: Hucitec, 1997.

_____. *Outr'em mim: ensaios, crônicas, entrevistas*. São Paulo: Plexus, 1998.

NAFFAH NETO, Alfredo *et al*. *Falando de amor: uma escuta musical dos vínculos afetivos*. São Paulo: Ágora, 2007.

NEGRI, Antonio. *Exílio*. Trad. Renata Cordeiro. São Paulo: Iluminuras, 2001.

_____. *Cinco lições sobre império*. Trad. Alba Olmi. Rio de Janeiro: DP&A, 2003.

NEGRI, Antonio; HARDT, Michael. *Império*. Trad. Berilo Vargas. Rio de Janeiro: Record, 2001.

ORLANDI, Luiz B. L. "Que estamos ajudando a fazer de nós mesmos?" In: ORLANDI, Luiz B. L. *et al*. *Imagens de Foucault e Deleuze: ressonâncias nietzschianas*. Rio de Janeiro: DP&A, 2002.

ORWELL, George. *1984*. Trad. Wilson Velloso. São Paulo: Companhia Editora Nacional, 1975.

PARENTE, André (org.). *Imagem máquina: a era das tecnologias do virtual*. São Paulo: Editora 34, 1993.

PASSETI, Edson. "Ecopolítica: o que pode um corpo?". In: LINS, Daniel; GADELHA, Sylvio. *Nietzsche e Deleuze: que pode o corpo?* Rio de Janeiro: Relume Dumará, 2002.

_____. *Anarquismos e sociedade de controle*. São Paulo: Cortez, 2003.

PELBART, Peter Pál. *A vertigem por um fio: políticas de subjetividade contemporânea*. São Paulo: Iluminuras, 2000.

_____. *Vida capital: ensaios de biopolítica*. São Paulo: Iluminuras, 2003.

RABINOW, Paul; DREYFUS, Hubert. *Michel Foucault: uma trajetória filosófica para além do estruturalismo e da hermenêutica*. Trad. Vera Porto Carrero. Rio de Janeiro: Forense Universitária, 1995.

RIFKIN, Jeremy. *A era do acesso: a transição de mercados convencionais para networks e o nascimento de uma nova economia*. São Paulo: Makron Books, 2001.

ROLNIK, Suely. "Toxicômanos de identidade: subjetividade em tempo de globalização". In: LINS, Daniel (org.). *Cultura e subjetividade: saberes nômades*. Campinas: Papirus, 1997.

_____. "'Fale com ele' ou como tratar o corpo vibrátil em coma", 2003. Disponível em: http://www.pucsp.br/nucleodesubjetividade/Textos/SUELY/falecomele.pdf. Acesso em: 15 out. 2006.

_____. "Uma terapêutica para tempos desprovidos de poesia", 2005. Disponível em: http://www.pucsp.br/nucleodesubjetividade/Textos/SUELY/terapeutica.pdf. Acesso em: 12 mar. 2007.

SANT'ANNA, Denise Bernuzzi. *Corpos de passagem: ensaios sobre a subjetividade contemporânea*. São Paulo. Estação Liberdade, 2001.

SANT'ANNA, Denise Bernuzzi (org.). *Políticas do corpo*. São Paulo: Estação Liberdade, 1995.

SANTOS, Laymert Garcia dos. *Politizar as novas tecnologias: o impacto sócio--técnico da informação digital e genética*. São Paulo: Editora 34, 2003.

SENNETT, Richard. *Carne e pedra: o corpo e a cidade na civilização ocidental*. Trad. Marcos Aarão Reis. Rio de Janeiro: Record, 1997.

_____. *O declínio do homem público: as tiranias da intimidade*. Trad. Lygia Araújo Watanabe. São Paulo: Companhia das Letras, 1998.

SIBILIA, Paula. *O homem pós-orgânico: corpo, subjetividade e tecnologias digitais*. Rio de Janeiro: Relume Dumará, 2003.

SIMONDON, Gilbert. "A gênese do indivíduo". In: PELBART, Peter Pál; COSTA, Rogério. *O reencantamento do concreto*. São Paulo: Hucitec, 2003.

VIRILIO, Paul. *A arte do motor*. Trad. Paulo Roberto Pires. São Paulo: Estação Liberdade, 1996.

_____. *A bomba informática*. Trad. Luciano Vieira Machado. São Paulo: Estação Liberdade, 1999.

_____. *Estratégia da decepção*. Trad. Luciano Vieira Machado. São Paulo: Estação Liberdade, 2000.

WACQUANT, Loïc. *As prisões da miséria*. Trad. André Telles. Rio de Janeiro: Jorge Zahar, 2001.

ZIZEK, Slavoj. *Bem-vindo ao deserto do real*. Trad. Paulo César Castanheira. São Paulo: Boitempo, 2003.

REVISTAS E JORNAIS

CAPÍTULO 2

BENTES, Ivana. "'1984' em 2003". *Folha de S.Paulo*, São Paulo, 1º jun. 2003. Mais!

BRASIL, Kátia. "Índio vira 'informante' da Polícia Federal na Amazônia". *Folha de S.Paulo*, São Paulo, 17 nov. 2003. Brasil.

CENEVIVA, Walter. "Braceletes para esvaziar prisões". *Folha de S.Paulo*, São Paulo, 13 set. 2003. Cotidiano.

GERCHMANN, Léo. "Taxistas viram informantes da polícia no RS". *Folha de S.Paulo*, São Paulo, 27 abr. 2004. Cotidiano.

190 SONIA REGINA VARGAS MANSANO

"GRÃ-BRETANHA usará satélite para combater crime". *BBC Brasil*, Brasília, 13 jul. 2004.

MOTOMURA, Marina. "Celular é febre no Brasil e no exterior". *Folha de S.Paulo*, São Paulo, 6 ago. 2003. Especial.

OLIVEIRA, Ana Paula de. "Sorria, você está sendo vigiado". *Folha de S.Paulo*, São Paulo, 28 ago. 2003. Equilíbrio.

"ÔNIBUS deverão fixar telefone em vidros". *Folha de S.Paulo*, São Paulo, 17 dez. 2003. Cotidiano.

SILVA, Fábio Porto. "Colégios viram abrigos antiviolência". *Folha de S.Paulo*, São Paulo, 10 fev. 2002. Cotidiano.

VARGA, László. "Operadoras de celulares lançam serviço de localização por satélite". *Folha de S.Paulo*, São Paulo, 26 jul. 2002. Dinheiro.

CAPÍTULO 3

BURGIERMAN, Denis Russo. "A ciência do sexo". *Superinteressante*. São Paulo, v. 17, n. 189, p. 32-40, jun. 2003.

COLAVITTI, Fernanda. "Beleza revelada". *Galileu*. São Paulo, n. 155, jun. 2004.

COLLUCCI, Cláudia. "Início da vida sexual decepciona jovens". *Folha de S.Paulo*, São Paulo, 24 out. 2004. Cotidiano.

CORRÊA, Pedro. "Aumento de violência alimenta negócios". *Folha de S.Paulo*, São Paulo, 28 jun. 2004. Especial.

GUIA Quatro Rodas: Brasil. São Paulo: Abril, 2004.

KORMANN, Alessandra. "Meninas turbinadas". *Folha de S.Paulo*, São Paulo, 2 jul. 2004. Folhateen.

MENCONI, Darlene. "O tempo da vaidade". *IstoÉ*. São Paulo, ed. 1.824, 22 set. 2004, p. 72-5.

"O HOMEM em nova pele". *Veja*. São Paulo, ed. 1.822, n. 39, p. 62-72, 1º out. 2003.

YURI, Débora; SAMPAIO, Paulo. "Acessório erótico ganha espaço e adeptas". *Folha de S.Paulo*, São Paulo, 14 nov. 2004. Cotidiano.

CAPÍTULO 4

BIANCARELLI, Aureliano. "OMS lança cruzada mundial pelo consumo de fruta, verdura e legume". *Folha de S.Paulo*, São Paulo, 16 nov. 2003. Cotidiano.

"Britânicos dizem ter criado vacina contra a cocaína". *Folha de S.Paulo*, São Paulo, 15 jun. 2004.

Collucci, Cláudia; Leite, Fabiane; Gois, Antônio. "Médicos revelam que eutanásia é prática habitual em UTIs do país". *Folha de S.Paulo*, São Paulo, 20 fev. 2005. Cotidiano.

Cony, Carlos Heitor. "Seguro de infidelidade conjugal". *Folha de S.Paulo*, São Paulo, 31 out. 2003. Ilustrada.

Morais, Jomar. "Viciados em remédios". *Superinteressante*. São Paulo, v. 17, n. 185, p. 42-9, fev. 2003.

"Pioneirismo contestado". *Folha de S.Paulo*, São Paulo, 11 abr. 2001. Mundo.

Segatto, Cristiane. "Dieta e genética". *Época*. São Paulo, ed. 351, 4 fev. 2005.

SITES

www.anvisa.gov.br/divulga/noticias/040601_1.htm

www.bbc.co.uk/portuguese

www.disquedenuncia.org.br

www.folha.uol.com.br

www8.pr.gov.br/portals/portal/patrulhaescolar/index.php

www.pucsp.br/nucleodesubjetividade

www.saude.gov.br

IMPRESSO NA
sumago gráfica editorial ltda
rua itauna, 789 vila maria
02111-031 são paulo sp
telefax 11 **2955 5636**
sumago@terra.com.br